大樂文化

大樂文化

大樂文化

## 亞當・史密斯教你

# 終結貧窮的經濟學

先動優勢、賽局理論等 39 個技巧，
讓你財富翻倍！

錢明義——著

## 第1章 落入貧窮線？試著思考成本與效益 011

# 第2章 從輸贏中出局？善用賽局理論的詭計

前言

# 想要投資致富前，你得讀懂經濟學……

經濟學到底是什麼？曾經有個笑話說：智商在六十以下的人都可以成為經濟學家。眾所周知，一般人的智商落在九十到一百之間，智商七十以下的人屬於智能不足。這表示，智能不足的人也能成為經濟學家。雖說這話稍微有些誇張，但正如某個經濟學家所說，經濟學是一門生活化的學問，專門研究人們生活中的活動與思考，一般人經過努力，都可以成為經濟學家。

但是，經濟學真的有這麼容易懂嗎？為什麼當我們接觸到GDP（國內生產毛額）、CPI（消費者物價指數）、PPI（生產價格指數）、恩格爾係數、吉尼係數等名詞時，還是一頭霧水呢？怎樣才算是通貨膨脹？錢是升值好還是不升值好？什麼叫積極和緊縮的財政政策？即便讀到大學畢業，我們面對這些詞彙時，可能還是似懂非懂。

原因很簡單，因為平時接觸這些詞彙時，呈現在我們面前的經常只是一個概念，或一堆乾巴巴的文字堆砌在一起，讀起來乏味。但如果我們採取另一種方式，或許理解起來就不一樣了。大家都知道十比九大，但是在經濟學中，十卻比九小，這究竟是為什麼呢？

現實生活中有一種現象：女性都希望自己維持在二十九歲，不想成為三十歲。男性也有類似的想法，認為四十九歲屬於壯年，還是盛開的花，到了五十歲，這朵花可能就枯萎了。這雖然是心理上對年齡的一種抗拒，但是人們的內心深處就是感覺九比十還珍貴。所以，我們在商場或超市看到的商品價格，寧願定價為九十九元，而不是一百元。

經濟學上之所以會出現十比九小的理論，其實是因為九比十更稀有，而越稀有的商品，價值就會越高。也就是說，如果鑽石像水一樣常見，結婚鑽戒可能就失去價值。

從上面的例子，我們可以瞭解商品的價值與供應的關係，像是商品的稀缺性，以及為什麼在商場及超市中價格通常以九結尾。這些有趣的故事能幫助我們理解經濟現象。如果可以用一個故事總結這些經濟學詞彙，我們或許能成為經濟學家，或者至少更加瞭解市場的規律，進而選擇消費。

本書就是基於這種初衷，為讀者呈現有趣的故事，讓你透過故事瞭解身邊的一些經濟學原理。例如：為什麼魚與熊掌不可兼得？怎麼讓屋外吵鬧的小孩不再來打擾？為什麼斤斤計較其實是處處吃虧？

此外，你還可以知道如何選擇投資的種類，以及該生產什麼？該消費什麼？從一個經濟學門外漢變身為經濟學專家，做一個聰明理性的社會人。

第1章

# 落入貧窮線？試著思考成本與效益

如果市場總是有效的，我只會成爲一個在大街上手拎馬口鐵罐的流浪漢。

——華倫・巴菲特（Warren Buffett）

# 扣子的位置居然分成「女左男右」——習慣經濟

如果你是個觀察入微的人，應該早就發現了女裝的上衣扣子在左邊，男裝卻在右邊。當然，如果你現在才意識到，不妨低頭看看自己的衣服。

為什麼女裝和男裝的上衣扣子位置不同呢？這要從服裝的發展史說起。

十七世紀，扣子剛問世的時候，只有富人的外套上才縫扣子。依照當時的風俗，女性有僕人服侍更衣，男性則自己穿衣服。女性上衣的扣子縫在左邊，便於幫助女主人更衣的僕役。男性上衣的扣子在右邊，除了因為大多數男性是自己穿衣服之外，也因為當右手拔出掛在左腰上的劍時，不容易勾到上衣。

但是，為什麼現代女裝的扣子依然在左邊呢？因為**規範一旦確立後，就很難改變**。既然所有女裝的扣子都在左邊，販賣扣子在右邊的女裝就很冒險，如此一來，習慣便成為人們不願改變的**約定俗成**。

## 藏在日常生活中的各種「約定俗成」

此外，打開冰箱時，冷藏室會亮，冷凍室卻不會亮；筆記型電腦能在任何國家的供電標準下運作，其他的電器卻幾乎都不能；易開罐不能做得太矮或太胖……。如果仔細觀察，會發現生活中存在許多約定俗成的東西。

我們看到東西稍有變動時，會感到驚訝，也**需要花一段時間適應新事物的改變**。久而久之，這種態度和處理方式，成為我們對待非常規事物的一貫原則。

我們的思想會反映在生活中的種種習慣上，為什麼會這樣？這涉及了「習慣經濟」的概念。

**習慣經濟**（註：相似名詞為「消費習慣」）是指，**人們在無意識中形成，對待事物的慣常態度、對新事物的接受程度，以及這種態度對商品生產、交易等經濟活動的影響**。人們需要一些條件和時間，接受不習慣的事物。

因此，生產者為了保證自身的經濟效益，生產產品時必須一併考慮到消費者的習慣。一旦產品與消費者的日常習慣出現落差，需要以消費者能接受的方式，讓他們逐漸習慣新產品。

## 試吃、試用品也是習慣經濟的一環

理解習慣經濟的概念，可以**維持產品的供需平衡**。例如在前文的故事中，自從十七世紀紐扣問世之後，女裝的上衣扣子就在左側，男裝則在右側，長久以來，人們已經適應這種模式，**不願意也不習慣被改變**。

因此，廠商寧願生產大眾普遍認可的服裝模式。或許，改變扣子的位置可以加入更多創新元素，但廠商明白，**大眾市場**（Mass market，註：為大量最終消費者大規模生產的商品市場）才是保證經濟效益的重中之重。

同樣地，**掌握消費者購物時的習慣心理，也是獲利的重要手段之一**。在百貨公司、藥妝店的專櫃前，經常可以看到化妝、護膚商品的試用品，這就是抓住消費者想試用、感受產品效果的習慣心理。其他像是試吃、體驗等活動的出發點，都是源自對習慣經濟的考量。

**知識連結**

甲型流感（Influenza A virus Subtype，簡稱H1N1，註：台灣稱為A型流感）病毒的出現，造成人們瘋狂的舉動。在流行期間，不管是吃穿用度，只要是和「抗甲流」沾上邊，都無一例外地遭到哄抬，這個瘋狂的行為被戲稱為甲流經濟。

## 牛奶裝在方盒子，可樂卻裝在圓瓶子——固定成本

如果你經常逛超市，應該會注意到一個非常有趣的現象：無論是裝在玻璃瓶還是鋁罐的非酒精飲料，瓶體幾乎都是圓形，可是牛奶大多是用方盒子裝。為什麼牛奶裝在方盒子裡，可樂等其他飲料卻裝在圓瓶子裡呢？

用圓瓶子裝可樂等軟性飲料，或是醬油、啤酒等液體產品，較不易損壞，因為瓶子的內壓小，比起方形容器更不容易變形。但是，若用圓瓶子盛放需要保鮮的牛奶，則無法長期保存，一般會在一周內變質。

後來，為了延長牛奶的保鮮期，利樂包問世，一下子解決牛奶的盛裝問題，從而被廣泛應用。

根據調查發現，大多消費者會直接飲用可樂等軟性飲料，用圓形容器盛放，喝

起來更加順手，也方便攜帶，而一般消費者會將牛奶倒在杯子裡飲用，因此便不必放在圓瓶子裡。

牛奶裝在方盒子，可樂卻裝在圓瓶子。針對這個現象，不管是從容器形狀的特性進行分析，還是從消費者的接受、認可度來看，上述的說法都有道理。如果從經濟學的角度深入分析，我們的眼界將開闊許多。

## 產品的新功能，是為了增加產品價值

**固定成本**（Fixed Cost），是相對於**變動成本**（Variable Costs）的概念，又稱固定費用，指的是**成本總額在一定時期和業務量範圍內，不受業務量增減變動影響，能保持不變的成本**。

固定成本的特徵在於，在一定時間和業務量範圍內，其總額維持不變，但是單位業務量分攤（負擔）的固定成本與業務量的增減成反比。通常可區分為**約束性固定成本**（Committed Fixed Cost）和**酌量性固定成本**（Discretionary Fixed Cost）。

固定成本是有條件的，只有在一定時期和一定業務量範圍內才固定。這裡所說的一定範圍叫作**相關範圍**（Relevant Range）。當業務量的變動超過這個範圍，固定成本就會改變。

關於用什麼容器盛裝可樂或牛奶，生產者或企業不僅要考慮使用的方便性，還要考慮是否符合**成本效益**（Cost Benefit Analysis，簡稱CBA）原則。

舉例來說，有的電梯生產商會在電梯按鍵上設計盲人專用的點字。生產商這麼做，是因為生產這種電梯的成本，遠遠大於預期收益。

一般情況下，除非能附上增加產品價值的新功能，也就是使**收益大於成本**，否則，生產商不會有為產品增加新功能的動力。

幾乎所有實例都證明，**產品設計既要符合消費者心意，又要滿足賣方保持低價、便於競爭的需求**。也就是說，產品設計必須在兩者間維持平衡。

## 容器不論方圓，都是為了減少固定成本

我們可以從經濟學的觀點解釋，為什麼盛裝牛奶和可樂的容器形狀不一樣。一般來說，圓形容器被認為是較為科學、節省材料、既容易製造又不易損壞的包裝。因此，將可樂等軟性飲料放在圓瓶子裡，不但可以為生產商節省固定成本，還能增加更多收益。同樣地，用方盒子盛放牛奶等需要保鮮的液體，可以為生產商緩解保鮮處理不當所帶來的麻煩和損失，也是減少固定成本的方式。

此外，裝在圓瓶子中的軟性飲料，大多放在價格便宜的開放式貨架上，所以**營業成本**（Operating Costs，註：也稱經營成本，指的是企業銷售商品或提供勞務所需的成本）低到幾乎為零。但是，牛奶等需要保鮮的飲料，需要放在專門的冰櫃裡，保持冷藏狀態。如此一來，牛奶的營業成本會很高，而方形的設計恰好能節約冰櫃或冰箱的空間。

佔據的空間縮小，可存放的數量就會增多，能稍微減少營業成本。無論是圓瓶子還是方盒子，只要運用得恰到好處，便十分方便。

由此可見，在使用圓瓶子或方盒子上，生產商周全地考慮如何既節約成本，又能便於消費者使用。飲料生產商在投入較少固定成本的情況下，能獲得最大收益。

**策略成本管理**（Strategic Cost Management，簡稱ＳＣＭ）主要是挖掘企業的**隱性成本**（Implicit Cost，註：隱藏於經濟組織總成本當中，游離於財務監督之外的成本），並分析和利用成本資訊，將其貫穿於策略管理，為每個關鍵步驟提供資訊，並取得成本優勢，從而形成企業的**競爭優勢**（Competitive Advantage），提高核心競爭力，搶在競爭對手之前行動。

策略成本管理強調的是知己知彼，可說是**為了獲得和保持企業持久競爭優勢，而進行的成本管理。**

企業進行策略管理的主要目的，是為了**在持續發展中增長和回報**。策略成本管理是策略管理的重要組成部分，已取代傳統的成本管理，成為企業加強成本管理，取得競爭優勢的有力武器。

## 餐廳讓你喝飲料免費續杯，背後有何原因？——邊際成本

王先生在市中心的商業街附近開了一家餐廳。由於處於鬧區，往來人潮多，很多人會在這裡吃飯。因為王先生的餐廳周圍，已經有幾家開業半年之久的餐廳，所以生意算不上興旺，但還算可以。

為了增加客流量，王先生想盡辦法，一開始他不斷讓廚師更換菜色，以適應不同顧客的各式需求。

此外，王先生辦過很多活動，比如消費滿兩百元可以折二十元等等，想藉此讓生意變好，但是這些方法都只在短時間奏效，時間一久，生意又慢慢淡下來。他注意到，大部分餐廳的飲料、白飯、湯等食物，都無法免費添加。如果改變這項傳統，讓顧客免費續杯、加飯或裝湯，而感覺到優惠，肯定會再次光臨。

飲料、白飯等食物的成本都不算高，如果投入這些較低的成本，換來較高成本的營業額，也算是值得。

於是，王先生在門口貼上「免費續杯、免費加飯」，結果顧客絡繹不絕，很多店面的老闆競相模仿他的做法。

前面的小故事涉及經濟學的常見名詞——**邊際成本**（Marginal Cost，簡稱MC）。

## 付出一點成本，就能提高企業競爭力

邊際成本指的是，每單位新增的產品（或購買的產品）帶來的總成本增量。這個概念表明，每單位產品的成本與總產品量有關。

舉例來說，只生產一輛汽車的成本極大，但生產第一百零一輛汽車的成本則較低，生產第一萬輛汽車的成本就更低了。這和**規模經濟**（Economies of Scale，註：在一定的產量範圍內，隨著產量增加，平均成本不斷降低）有關。

但是，考慮到機會成本，隨著生產量增加，邊際成本也可能增加。依照前文例子，生產一輛新車耗費的材料，可能有更好的用處，生產者無不想用最少的材料，生產出最多的車，這樣才能提高**邊際收益**（Marginal Revenue）。

我們具體分析王先生開餐廳的事例，看看邊際成本如何體現其中。如果兩家具有相同特色的餐廳，其中一家的門口貼著「免費續杯」的橫幅，另一家則什麼都不貼，相信大多數顧客會去貼著橫幅的那家餐廳用餐。享受到免費續杯服務的顧客，會覺得這筆交易相當划算。隨著口碑流傳開來，餐廳的顧客就增加了。

雖然續杯服務會增加一些成本，但其實相當低，因此餐廳會想要提供免費續杯服務。然而，這種做法與**完全競爭**（Perfect Competition，註：市場中的買家和賣家規模足夠大，而且買賣雙方無法單獨影響市場價格，也願意接受市場供需調整後的均衡價格）的邏輯互相矛盾。

**瞭解邊際成本有助於提高企業的競爭能力**，不僅能吸引更多顧客購買商品，也能增加自己的盈利。

## 知識連結

邊際成本和**平均成本**（Average Cost）有所差別，平均成本考慮到全部的產品，邊際成本則只考慮最後一個產品。例如，每輛汽車的平均成本包括生產第一輛車的固定成本（分配在生產的每輛車上），邊際成本則根本不考慮固定成本。

**邊際成本法**（Marginal Cost Pricing Rule）是管理會計的一種方法，用於計算企業在一定時期內，其產品或勞務的生產成本，為製成品和生產中的產品、存貨計價，以計算企業獲得的利潤。在邊際成本法下，**企業所有的成本都能劃分為固定成本和變動成本**。

採用邊際成本法時應該注意，即使以長期來看是固定成本，長遠來說都算是變動成本，但使用邊際成本法計算成本時，不會納入這一點。

邊際成本法中計算的成本不包含固定成本，忽略了產量上升後，每單位的總成本實際上會下降；產量下降時，總成本則會上升，因為**固定成本**

**總額與產量變動無關**。所以，每多生產一件產品，固定成本就會被分成更小的數目，使每單位的總成本隨之下降。

# 為什麼人們寧願買貴的，也不買對的？——吉芬商品

《影響力》（*Influence: The Psychology of Persuasion*）是美國心理學家羅伯特・西奧迪尼（Robert Cialdini）的代表作。書中有一個與綠松石有關的故事。

在美國亞利桑納州一處非常有名的旅遊勝地，有間販賣印第安飾品的珠寶店。某年的旅遊旺季，珠寶店裡的生意十分興隆，各種價格昂貴的寶石首飾都賣得很好，老闆十分高興。

但是一段時間後，老闆發現眾多飾品當中，唯獨價格低廉的綠松石總是無人問津。他為此十分苦惱，嘗試各種方法，像是把綠松石擺在明顯的地方、讓店員強力推銷等，都沒有效果。

為了盡快脫手，老闆只好虧本拋售這批綠松石。在外出進貨之前，他留下一張

紙條給店員：「所有綠松石飾品的價格，都乘二分之一。」

出乎意料地，店員匆忙看過紙條後，便將綠松石飾品的價格全部提高兩倍。結果，綠松石成為珠寶店的招牌。當老闆進貨回來，得知綠松石被搶購一空，才發現店員將「乘二分之一」看成「乘二」，這個失誤讓綠松石大受好評。

一般來說，當商品的價格上升，其需求量便隨之下降。但在前面的故事中，綠松石雖然價格明顯變貴，卻在短時間內銷售一空。這種特殊的供需關係與「吉芬商品」有關。**吉芬商品**（Giffen Goods，註：又稱為季芬商品、季芬財），指的就是隨價格上升，需求量也上升的商品。

## 商品越貴，人們就越想要嗎？

吉芬商品的概念，源於愛爾蘭學者羅伯特・吉芬（Robert Giffen）觀察到的一個現象。一八四五年，愛爾蘭爆發一場大災荒，作為主食的馬鈴薯價格一路狂飆，但人們對馬鈴薯的熱情始終有增無減，一時之間形成「越買越貴」的局勢。

吉芬試著分析背後原因，發現在這種特殊時期，當生活必需品的價格上漲，人們的收入卻越來越少，相對便宜的馬鈴薯便成為人們的首選。由於人們對馬鈴薯的需求量增加，導致馬鈴薯的價格增長比其他食品更快。

後來，人們為了紀念吉芬，就把這種價格升高，需求量隨之增加的經濟現象稱為吉芬現象。

日常生活中，吉芬現象常見於股票市場。當某一檔股票上漲時，人們會將目光聚焦在這檔股票上，並瘋狂搶購。相反地，當某一檔股票不斷下跌時，購買的人便隨之減少，而持有這檔股票的人也會想辦法盡快拋出。因為股票價格越高，人們越有利可圖，加上人們都有追求最大利益的心理，導致股票價格越高，就有越多人買。

## 「越貴越買」背後隱藏的恐懼心理

社會上到處都是吉芬商品和吉芬現象。比如，很多人買房都選在郊區，雖然郊區的生活和交通不如城市便利，但住在郊區的費用會比城市便宜許多。於是，當越來越多人湧入郊區購房，郊區的房價也會跟著抬高。即使如此，郊區的房價還是比較便宜，所以不管房價漲得多高，人們普遍還是會選擇在郊區買房子。

**只要滿足特定的環境條件，吉芬現象便會以不同形式出現**。經濟學家認為，吉芬現象是市場經濟中的反常現象、**需求法則中的例外**，但也是一種客觀存在的現象，因此**無法事先預測或加以回避**。

在非常時期，人們越貴越買的行為，是出於一種害怕價格會漲得更高的恐懼心理，就像愛爾蘭人選擇購買漲價的馬鈴薯一樣。商人們利用這種恐懼，趁機哄抬物價，比如日本核洩漏事件發生後的食用鹽漲價，就是類似的例子。

另外，商人經常利用人們的虛榮心。前面的珠寶店故事中，人們為了顯示自己的身價，提升身份地位，爭相購買綠松石，同樣也形成越高越買的局勢。

**正常財**（Normal Good）指的是，某商品的需求量，隨消費者的實際收入上升而增加。

**劣等財**（Inferior Good）指的是，某商品的需求量，隨消費者的實際收入上升而減少。

隨著經濟能力增強，人們對於消費商品的檔次要求會越來越高。因此，經濟學家把商品分為正常財和劣等財，前者的消費會隨人們收入的增加而增加，後者的消費則恰恰相反。

## 如果掉了一隻鞋，不妨把另一隻也扔掉——沉沒成本

印度聖雄甘地某天去搭火車時，在車站遇到一個熟人，多聊了幾句，直到火車要開了，才匆匆跨進車門，不巧地他的一隻鞋子不慎掉到車外。這時，甘地迅速脫下另一隻鞋子，朝第一隻鞋掉落的方向扔去。

這個舉動令在場的人十分訝異。旁人問他為何這樣做，甘地說：「如果一個窮人正好從鐵路旁經過，他就可以撿到一雙鞋了。」

既然失去的鞋子對自己來說已經沒有意義，不如乾脆把另一隻鞋扔下去，更能發揮鞋子的價值。這個故事展現甘地豁達、幽默、坦然的處事態度，在自己損失時，還能考慮到幫助別人獲益，這也是他受到眾人敬佩的原因之一。

## 一旦付出便不能改變的成本

**沉沒成本**（Sunk Cost）是指**不能透過現在或將來的任何決策改變的成本**。人們在決定是否做一件事情的時候，不僅會考量這件事對自己有沒有好處，也會審視過去是否投入時間、金錢、精力等「已發生且不可收回」的支出，這些即稱為沉沒成本。

沉沒成本常用來和**可變成本**（Variable Costing）比較，**可變成本可以被改變，沉沒成本則不能被改變**。此處的沉沒成本有「不可收回」的概念。

## 什麼情況下，沉沒成本會隨著時間改變？

「覆水難收」就是一種沉沒成本。例如，你和朋友各買了一張展覽門票，這張票已經付錢，而且不能退。你們逛了一圈後，覺得展覽會沒有想像中有趣，但你們付出的錢已不能收回，這兩張票的價錢就是沉沒成本。

在我們身邊，沉沒成本的例子可說比比皆是。下面還有一個例子，可以幫我們進一步理解沉沒成本的含義。

某位特別喜歡收集古董的老人，每次看到中意的古董，無論花多少錢都要買下來。有一天，他在古董市場花了一大筆錢，購買一個很想要的古代瓷瓶，然後興高采烈地把瓷瓶綁在自行車後座上，飛快地騎車回家。不幸的是，由於繩子鬆動，只聽到一聲巨響，瓷瓶便掉在地上摔得粉碎。但是，老人聽到聲響後頭也沒回，依然繼續騎著車。

這時候，路人忍不住提醒他：「老先生，您的瓷瓶碎了！」老人只是靜靜地說：「碎了嗎？聽聲音一定是摔得粉碎，無可挽回了」，便騎著車離去。

當然，有時候沉沒成本只是價格的一部分。例如，你購買一台電視，看了幾天後，在二手市場低價賣出，此時原價和賣出價格之間的差價，就是沉沒成本。這種情況下，沉沒成本會隨時間改變，當那台電視看得時間越長，賣出的價格就會越低。

### 知識連結

在生產經營中，當沉沒成本具有越強的資產流動性、通用性、相容性，沉沒的部分就越少。固定資產、研究開發、專用性資產等，都是容易沉沒的成本，分工和專業化也往往與一定的沉沒成本互相對應。

此外，**資產的沉沒程度具有時間性，會隨時間的推移而不斷轉化**。例如，在固定資產尚未使用時或折舊期限後棄用，可能只會產生少部分的沉沒成本，但若是中途棄用，沉沒成本便會較高。

# 享盡齊人之福的副作用，竟然是禿頭！——市場失靈

這是一則寓言故事。從前有個財主娶了一妻一妾。妻子溫柔賢慧，年紀比財主大，小妾美麗熱情，比財主年輕許多。在一妻一妾的相伴之下，財主覺得很幸福。但是，由於年齡差距，無論是妻子還是小妾，與財主在一起時都感覺不自在。

儘管妻子做出很多努力，但始終覺得與財主在一起時，自己顯得比財主更老，甚至給人一種老妻少夫的感覺。於是，她想出一個好辦法，就是每天把財主頭上的黑髮拔掉一些，財主自然就顯得年老，這樣或許就與她更相配。

相對地，小妾比財主年輕太多，一起生活久了也覺得很不自在。每次和財主在一起，看起來像父女。她苦惱許久，突然靈機一動，如果每天把財主頭上的白髮拔去一點，不就好了嗎？如此一來，財主一定會顯得年輕許多。

於是，一妻一妾都開始拔財主的頭髮。當財主與小妾相處時，小妾就拔掉他的白頭髮，與妻子相處時，妻子便拔掉他的黑頭髮。沒過多久，財主便禿頭了。

妻子和小妾一人拔黑頭髮，一人拔白頭髮，她們拔頭髮的動機都是為了與財主看起來更相配，但導致財主禿頭的結局。不管是妻子還是小妾，她們的**利己性**（Self-interest，註：也稱作自利行為）造成自身不願接受的結果。

## 只為滿足自己而行動，無法讓市場機制變好

**市場失靈**（Market Failure）是經濟學中的一個重要概念，指的是市場本身不能有效配置資源，也可說是市場機制出現某種障礙，造成配置失誤或浪費生產要素。

古典經濟學家認為，只要每個人從利己的目的出發，就能優化市場。但事實證明，如果人人都只顧著自己的利益，也會造成市場失靈的悲劇。

在前面的故事中，財主自身的條件沒有滿足妻子和小妾的需求，是導致禿頭結局的誘因，妻子和小妾出於自身目的，拔掉財主頭髮的行為，則是造成財主禿頭的

直接原因。

市場是配置資源的好辦法，但**市場機制並非萬能**，不可能完全調節人們經濟生活的所有領域，因此會出現市場失靈的情形。

## 導致市場失靈的四個主要原因

造成市場失靈有很多原因，主要會表現在以下幾個方面：

①**收入與財富分配不公**。市場機制遵循**資本**（Capital）與**效率原則**（Efficiency principle），使得收入與財富越來越向富人集中，其他人更趨於貧困，造成收入與財富分配不均。

②**外部負效應**。外部負效應（Negative Externality）是指某個主體在生產和消費活動的過程中，對其他主體造成損害。

③**市場壟斷**。一般來說，競爭只會發生在同一市場中的同類產品，或是可替代

產品之間。由於工業發展和製造過程的分工，不斷拉大產品之間的差異，資本規模擴大和交易成本增加，阻礙資本的自由轉移和自由競爭。另一方面，市場壟斷減弱競爭程度，也會使競爭的作用下降。

④ **資訊不對稱**。由於參與經濟活動的人擁有不對稱的資訊，某些人會利用資訊優勢進行詐欺，損害正當的交易。當人們過於擔心，甚至詐欺嚴重影響交易活動，市場會失去作用，市場配置資源的功能也就失靈了。此時，市場無法自行解決問題，為了保證市場的正常運轉，政府需要制定法規，制止和約束詐欺行為。

市場失靈造成的破壞作用，甚至還可能引起**經濟危機**。例如一九二九年到一九三三年的經濟大蕭條（Great Depression），就是一次典型的市場失靈。

一九三三年，全世界在工業上的**資本主義生產**（Capitalist Mode of Production，**註：以資本剝削雇傭勞動的生產方式**）下降四〇％，各國工業產量倒退到十九世紀末的水準，全球貿易總額減少三分之二，美、德、法、英共有二十九萬家企業破產，失業工人超過三千萬人，美國失業人口超過一千七百萬人。

正因為市場會失靈，才需要政府的干預或調節，優化資源配置。市場規律和政府調控互相結合，才能有效遏制市場失靈的現象。

**市場經濟**（Market Economy）是指透過市場機制，實現資源優化配置的一種經濟運行方式。

**計劃經濟**（Planned Economy）又稱指令型經濟，是對生產、資源配置及產品消費，事先進行計劃的經濟體制。顧名思義，就是有計劃地發展經濟，從而避免市場經濟盲目發展、出現不確定性等問題，進而危害社會經濟發展，例如：重複建設、企業惡性競爭、工廠倒閉、工人失業、地域經濟發展不平衡、產生社會經濟危機等問題。

## 只要抓住你的眼球，就能讓你掏出錢——美女經濟

傳說印度有個名叫摩訶密的大財主，他經常自豪擁有七個如花似玉的美麗女兒。每當有賓客來訪，都會向賓客炫耀這些女兒。

某天，有一個裁縫師突然來訪，對摩訶密說：「我聽說您的七個女兒都有沉魚落雁的美貌，但我身為裁縫師，覺得她們還沒有我做出的衣服漂亮。」摩訶密聽到這裡，內心不由得升起一團怒火。

「我們可以打個賭，由我為您的女兒們製作出最漂亮的衣服，希望您能帶她們來我的店裡試穿。如果大家都覺得您的女兒漂亮，我就付您五百兩白銀。」裁縫師認真地對摩訶密說。

摩訶密對自己的女兒有信心，聽了裁縫師的話，確信自己能贏得五百兩白銀，

於是接受裁縫師的賭注。

第二天，摩訶密帶著女兒們來到裁縫師的店鋪。當她們穿上裁縫師製作的衣服，前來觀看的人無不感到驚艷。在裁縫師精心設計的服裝襯托之下，摩訶密的女兒顯得異常美麗，周圍不禁發出了讚歎聲。有人讚歎女孩們的美貌，有人讚歎裁縫師的手藝。不過，提到哪個更勝一籌，大家一致認為摩訶密的女兒們更加漂亮。

摩訶密得到人們的肯定和五百兩白銀，非常高興。但奇怪的是，輸了錢的裁縫師卻沒有一點難過的樣子。

疑惑不解的摩訶密派人偷偷觀察裁縫店的情況，結果發現在這次打賭之後，裁縫店裡很快就擠滿了慕名前來的顧客，搶著請裁縫師為自己量身訂做衣服。店裡賣的衣服也從打賭的那天開始，由一件一兩白銀變成三兩白銀。

聰明的裁縫師利用財主摩訶密的好勝心和虛榮心，巧借幾位女孩的魅力，在吸引旁人注意力的同時，讓自己製作的衣服在人們心裡留下深刻印象，獲得更多收益。透過這場時裝秀，裁縫師在美女經濟的推動下，快速進入時裝市場。

美女經濟是以**美女資源為主，來創造和分配財富**。美女經濟也被稱為**眼球經**

濟，因為美女能夠吸引人們的注意力。

## 美麗的外貌，也是珍貴的資本

美女經濟的例子很多，《史記》中就有一段相關記載。《鳳求凰》（註：漢代的古琴曲，相傳是由漢代文學家司馬相如所作）演繹了司馬相如與卓文君的戀情，讓我們為他們的絕美愛情所感動，也確實感受到他們夜奔之後，在貧賤夫妻生活中相濡以沫的真切情懷。

司馬相如與卓文君連夜私奔到成都後，面臨窘迫的生活，兩人決定把車馬賣掉，到臨邛（註：現今四川省的邛崍市）開酒店。卓文君當街賣酒，憑藉美貌吸引許多人前來買酒，兩人的生活也因為酒鋪生意的興旺而逐漸好轉。這是早在西漢時期便出現的美女經濟。

推古及今，卓文君的故事讓人聯想到現今借美女生財的手法，例如：車模、Show Girl、化妝品代言人、時裝秀、內衣秀等。由此看來，今天的美女經濟似乎已成為一種普遍的行銷方式。

當各種工作機會越來越注重應徵者的外貌，表示擁有美貌的形象已經被視為一種資本，並將資本轉化為價值。至今，美女經濟的市場依舊不斷在拓展當中。

## 知識連結

美女經濟（眼球經濟）也稱為**注意力經濟**（Attention Economy），是透過**吸引公眾注意力，獲取經濟收益**的經濟活動。注意力之所以重要，是由於注意力可以優化社會資源配置，也可以幫助廠商獲得更大的利益。

## 每個月都會出現，難以克制的購物慾望——衝動型消費

《東南快報》曾刊載過一則關於女性購物與「生理期」有關的新聞。英國心理學家發現，**女性在生理期間更容易產生購物衝動**，女性接近生理期時更容易衝動，在金錢控管上也越不節制，越容易超支。

科學家認為，女性在生理期間，荷爾蒙的變化容易引起各種負面情緒，例如，抑鬱、壓力和生氣等，而購物是能夠緩解情緒的方式。許多女性朋友為了調節自己的情緒，讓自己高興，會將購物作為一種「情感上的習慣」。在購物的過程中，她們或許不是因為需要而購買商品，而是在**享受購物帶來的興奮感**。

許多女性在衝動購物的同時，一樣會感到懊惱和後悔。例如，有的人平時不習慣穿高跟鞋，但一時興起，可能同時買下好幾款高跟鞋，然後在興奮感消失後，因

為這些鞋子不符合自己的習慣，而將它們打入冷宮。

「我當時滿腦子都是購物衝動，如果不買東西，就會覺得自己好像無法呼吸一樣，變得很焦慮。雖然這聽起來很荒唐，但幾乎每個月都會發生一次。」一個參與研究的女性這樣說。

科學家表示，如果女性朋友擔心自己過度消費，就應該盡量避免在生理期後期購物。這項研究結果除了幫助女性更瞭解自己的購物習慣，也為不少商家帶來促銷產品的新觀點。

我們在逛街時常會遇到這種情況：看到一件小東西，突然覺得自己好像很需要，於是買下它。過了不久，又發現這個東西對自己沒有用處。這就是典型的衝動消費。

## 藏在你我心裡的衝動消費傾向

**衝動消費**（Impulse Buy）指的是**在某種急切的購買心理下，僅憑情緒和直覺**

**就決定購買商品**。衝動型消費者的情感因素超出認知與意志的制約，容易受到商品（特別是時尚潮流商品）的外觀和廣告宣傳影響。

有人說，女性缺乏邏輯，因此容易被蠱惑（當然這純屬偏見）。然而，女性的消費能力高，形成「女性的錢最好賺」的觀點。這種觀點在購物行為上得到印證。

日常生活中，我們稍加留心就可以發現，女性很容易找到消費理由。她們可以購買昂貴，但實際上穿不了幾次的服飾；可以買回許多自己其實根本不需要或用不上的東西，卻十分享受這個過程；可以因一時興起，花光身上所有的錢，接著在懊悔中為自己找藉口。

實際上，衝動消費就是一種感性消費，也就是**感性凌駕於理性之上的消費行為**。再理性的人也有感性的一面，因此在消費過程中，每個人多少都會有衝動消費的傾向。根據統計，相較於有計劃的人，缺乏計劃的人進入消費市場後，更容易衝動購物。在衝動購物的商品類別上，男性傾向購買高技術、新發明的產品，女性偏好購買服飾、配件等可穿戴的裝飾品。

我們每天都在扮演消費者的角色，只有養成良好的購物習慣，適當控制自己的購物衝動，才能減少無端浪費後帶來的懊悔。

衝動消費又稱為**非計劃購買**（Unplanned Purchases），指的是顧客未經計劃或詳細思考即買下商品的行為。與一般消費行為不同的是，顧客的衝動購買是進入消費場所之後才形成。

衝動型消費有以下幾種類型：

①**純粹衝動型**。顧客事先完全沒有購買願望，也沒有經過正常的消費決策過程，只是臨時決定購買。顧客購物時，完全背離對商品和商標的正常選擇，是一種突發性的行為，通常出於想追求新奇、變化的心理反應或情感衝動，造成一時興起或心血來潮。

②**刺激衝動型**。顧客在購物現場，見到某種產品或廣告宣傳、業務推廣等刺激，提示或激起顧客尚未滿足的消費需求，從而引起消費欲望，並決定購買。

③**計劃衝動型**。顧客具有某種購買需求，但沒有確定購買地點和時間。例如，得知某超市要進行促銷，刻意到該超市購物，卻沒有具體的購物清單。在這項行為中，雖然顧客有計劃地想撿便宜，但在購買的品項上單憑衝動，沒有任何計劃。

## 重點整理

- 習慣經濟指的是，人們在日常生活中對待事物的慣常態度、接受程度，以及這對商品生產、交易的影響。
- 產品設計既要符合消費者心意，又要滿足賣方保持低價、便於競爭的需求。
- 固定成本指的是，成本總額在一定時期和一定業務量範圍內，不受業務量影響的成本。
- 吉芬現象是市場經濟中的反常現象，無法事先預測或回避。
- 沉沒成本常用來和可變成本比較，可變成本可以被改變，而沉沒成本則不能被改變。
- 市場機制不能完全調節經濟生活的所有領域，因此會出現市場失靈。

- 美女經濟也稱為眼球經濟或注意力經濟，是透過吸引公眾注意力，獲取經濟收益的經濟活動。
- 衝動型消費者的情感因素超出認知與意志的制約，容易受到商品的外觀和廣告宣傳影響。

第2章

# 從輸贏中出局？善用賽局理論的詭計

把你的競爭對手視爲對手而非敵人，將會更有益。

——羅莎貝絲・摩斯・肯特（Rosabeth Moss Kanter）

## 守口如瓶就能獲釋，為何兩個囚犯寧願坐牢？——囚犯困境

警方在偵辦一宗竊盜殺人案的過程中，逮捕了兩名嫌疑犯，眼看結案時間逐漸逼近，兩人始終矢口否認犯罪。警方雖然在兩人的住處發現財物，嫌疑犯卻一致供認只是順手牽羊，並未殺人。

為了避免兩人串供，警方決定單獨審訊他們。只要其中一人承認犯罪，就能證實兩人的罪名，於是他們被關進不同的牢房，等待提審。

警方分別開始偵訊兩名嫌疑犯，並釐清他們的處境和面臨的選擇：如果他們有一人認罪，坦白者立即釋放，另一人判處十年徒刑；如果兩人都坦白罪行，他們將各被判處五年徒刑；如果兩個人都拒絕坦白，由於缺乏證據，他們會被以竊盜罪起訴，判處一年徒刑。

在這樣的困境中，兩名嫌疑犯會做出什麼選擇呢？他們必然會考慮如何將自己的刑期縮到最短，但並不知道對方的選擇。

如果自己認罪，對方抵賴，自己就能被釋放；如果自己認罪，對方也認罪，雙方都會受到較低的懲罰。最終，兩名嫌疑犯都選擇認罪。

這個故事講的就是賽局理論所說的**囚犯困境**（Prisoner's Dilemma）。當面對同樣的情況，在理性思考後，雙方都會得出相同的結論，所以兩名嫌疑犯最終都選擇認罪。

## 出賣同夥，獲得個人最佳利益

囚犯困境是**賽局理論**（Game Theory，註：又稱為對策論、賽局論或博弈論，當存在競爭對手時，為了達成目標而合理地思考該採取何種行為）的**非零和賽局**（Non-zero-sum Game，註：賽局雙方存在雙贏的可能，即使傷害他人也未必能為自己帶來利益）中具代表性的例子，反映出**個人最佳選擇並非團體最佳選擇**。現實中的價格競爭、環保議題也經常出現類似情況。

囚犯困境的主旨是，囚犯們在彼此合作的情況下，能為全體帶來最佳利益（無罪釋放），但在資訊不明時，因為出賣同夥可以為自己帶來利益（縮短刑期），同夥把自己招出來也可為他帶來利益，**彼此出賣雖然違反最佳共同利益，反而能獲得自己的最佳利益**。

## 活用賽局理論，也能偵破冤案

古代的帝王社會，儘管很多官員並不瞭解囚犯困境的理論，但他們在判案時，卻運用了囚犯困境的智慧。

李德裕是晚唐時期著名的官員，他曾在浙江審理一樁非常棘手的誣陷案。處理案件的過程中，李德裕就應用了囚犯困境的理論。

某座寺廟的現任住持，聲稱前住持私吞用來修繕寺廟的金子，一狀告到李德裕的衙上。現任住持和寺裡的僧人異口同聲地說前任住持就是犯人。雖然李德裕和手下一開始就知道前任住持被冤枉，卻始終找不到證據。

急中生智的李德裕想出一個好辦法，他為了不讓寺裡的僧人串供，一個個進行詢問，並在詢問的過程中，交給每個僧人一塊黃泥，命令他們捏出前任住持侵吞的金子。

僧人們都相當意外，捏出的金子形狀也毫不相像，李德裕終於偵破這樁冤案。

從李德裕斷案的事件中可以看出，由於僧人們是個合作的團體，為了全體最佳利益而堅持不吐實的時候，只要將他們分開，在資訊不夠明朗的情況下，便會露出馬腳。由此可見，囚犯困境理論的應用相當廣泛。

在應用囚犯困境理論時需要注意，**重複發生與單次發生的囚犯困境，不會得到相同的結果**。在重複發生的囚犯困境中，賽局反覆進行，使得每個參與者都有機會「懲罰」前個參與者的不合作行為。在這個情況下，**由於害怕遭受懲罰，參與者會更傾向協力合作。**

賽局理論起源於現代數學，也是作業研究（Operations Research，註：利用統計學和數學模型等方法，尋找複雜問題中最佳或近似最佳的解答，又稱作運籌學）的根基，如今廣泛運用至經濟學中。

賽局理論是兩人在平等的對局中，各自利用對方的策略，延伸出自己的對抗策略，達到取勝的目的。二〇〇五年諾貝爾經濟學獎得主勞勃・歐曼（Robert Aumann）曾表示，賽局理論就是一門研究互動策略的理論。

# 小豬可以悠哉遊哉，但大豬得累得半死——智豬賽局

豬圈裡有大小兩頭豬，牠們共用一個食槽進食，為了讓豬吃到最新鮮的飼料，主人在遠離食槽的牆壁設置一個踏板，每踩一次踏板，食槽上的開口就會掉出十份食物。

因為食槽和牆壁的距離很遠，只要其中一頭豬踩了踏板，另外一頭豬就會先吃掉一部分的食物。如果由小豬踩踏板，大豬在食槽旁等待，大小兩隻豬吃到的食物比例是九比一；如果大小兩隻豬同時踩踏板，再一起跑到食槽，兩隻豬吃到的食物比例是七比三；如果由大豬踩踏板，小豬先到食槽邊等待，兩隻豬吃到的食物比例則是六比四。

因此，小豬容易選擇舒服地在食槽邊等待食物落出，而大豬只能疲倦地奔忙於

踏板和食槽之間。

## 當採取行動會吃虧，不如以逸待勞

大豬和小豬進食的故事，其實是學者們透過假設論證**智豬賽局**（Boxed Pig Game）的模型。這個賽局的結果，被經濟學家們用來解釋一連串的社會經濟學現象，下面將具體分析這個模型。

我們可以如此解釋小豬選擇等待的原因：如果在大豬選擇行動時，小豬也選擇行動，小豬的淨利是一份食物，因為吃到三份食物的同時會消耗兩份食物的成本，如果小豬選擇等待，淨利是四份食物，因此**等待會比行動來得有利**。

如果大豬選擇等待，小豬選擇行動，則小豬的淨利反而變成負一，收益將少於成本。如果大豬小豬都選擇等待，則小豬的**成本為零，淨利也為零**。既然如此，小豬還會行動嗎？

智豬賽局存在的基礎，就是雙方處在相同局面，一時之間難以擺脫現狀，而且

**其中一方必須付出代價以換取雙方的利益。**一旦其中一方有足夠的能力打破現狀，比如小豬成長為大豬，這種共存的局面就會立刻崩解。

智豬賽局中，無論怎麼選擇，佔便宜的總是小豬，疲於奔命卻反而吃虧的總是大豬。如果用經濟學的角度來看，則可理解為：**佔有更多資源的一方，必須承擔更多義務。**

## 赤壁之戰擊敗曹軍，劉備獲利最大

我們可以透過《三國演義》中的經典片段，來解釋智豬賽局。赤壁之戰是中國歷史上以少勝多的著名戰役之一，西元二〇八年，面對曹操在長江北岸的二十萬大軍，軍事力量對比懸殊的劉備與孫權，為了共同對抗曹軍結成同盟。當時，劉備的兵力甚至只有一萬多人。

在這次作戰中，孫權軍中的名將黃蓋以詐降曹操的方式，將十艘滿載浸油乾草的戰船駛入曹營，最後曹營被大火重傷，導致潰不成軍的混亂局面。曹操看到傷亡慘重只好退兵。此戰過後，實力最弱的劉備得到最大的利益。

在赤壁之戰中，孫權軍扮演大豬的角色，而劉備軍則扮演小豬的角色。戰役中真正投入、正面作戰的是孫權，出力最多的也是孫權，但最大的利益卻由劉備獲得。多出力沒有多獲益，少出力在某種程度上反而占便宜。由此可見，赤壁之戰實際上就是一場賽局。

瞭解智豬賽局，我們在現實生活中更要養成分清形勢的理性思考，根據風險最小、利益最大的原則，爭取最大的利益。

## 知識連結

**納許均衡**（Nash Equilibrium），又稱為**非合作賽局**（Non-cooperative Game），是賽局理論的一個重要術語，以約翰・納許（John F. Nash Jr.）命名。假設有n個參與者加入賽局，**當所有參與者知道其他人的策略，而**

**且在不改變自己策略的情況下，爭取自己的利益最大化，所有參與者的策略便構成一個策略組合。**

納許均衡這樣的策略組合，是由所有參與者的最優策略（Dominant Strategy，註：也稱為佔優策略，指能讓自己獲得最大利益的最佳選擇）組成，也就是當**其他參與者策略不變的情況下，沒有人能夠打破這種均衡**。納許均衡實際上就是一種非合作賽局狀態。

達成納許均衡不表示賽局雙方都處於不動的狀態，這個均衡是在參與者連續的動作與反應中達成的。從前面提到的囚犯困境也可看出，**納許均衡不代表賽局雙方達到整體的最優狀態。**

## 重複同樣行動不是笨，是吃小虧佔大便宜——重複賽局

有個小男孩經常跟著乞丐乞討，由於他看起來衣衫襤褸又沉默寡言，大家都以為小男孩有智能不足的問題。

某天，有人放了一張一美元和十美元的紙幣在小男孩面前，告訴他可以從中拿走一張喜歡的。小男孩看了看，挑了一美元的紙幣。圍觀的人們看了無不哈哈大笑，直說小男孩是個傻子。

這件事很快地在當地傳開來，很多人開始拿一美元和十美元的紙幣讓小男孩挑選。奇怪的是，小男孩每次都會選擇一美元。

某天，有個婦人覺得小男孩十分可憐，就問他：「你難道真的不知道哪個更值錢嗎？」

小男孩對婦人說：「女士，我當然知道。可是只要我拿了十美元的紙幣，他們就再也不會拿錢來讓我挑，這樣我就連一美元也拿不到了。」

實際上，故事中的小男孩是「吃小虧占大便宜」。他在無意識中應用賽局理論的**重複賽局**（Repeated Game）。如果某次的合作乍看之下是吃虧，卻能影響整體情勢，這種吃虧反而是佔便宜。

## 犧牲眼前小利，是為了獲得長遠利益

重複賽局是種特殊賽局，相同結構的賽局會重複多次，甚至無限重複。每次的賽局稱為「**階段賽局**」（stage game）。在每個階段賽局中，參與者可能同時行動，也可能分散行動。

由於能觀測其他參與者過去的行動，因此在重複賽局中，**每個參與者都可以根據其他參與者過去的行動，決定自己每個階段選擇的策略**。

我們可以進一步解釋重複賽局的定義。我們可以在前面的故事中看到，小男孩一開始只選擇一美元，被人戲稱為傻子。但小男孩憑藉這個行為，讓相同模式不斷重複。

也就是說，只要小男孩不把此事說破，就可以**依賴同種模式，從其他自認聰明的參與者手中獲得利益**。他每面對一次讓他選擇紙幣的參與者，都可稱作一個「階段賽局」。

關於重複賽局，我們需要注意的是，重複賽局指的是重複許多次同樣結構的賽局。如果賽局像前面的故事一樣並不同重複，參與者可能會為了長遠利益犧牲眼前的利益，選擇不同策略。

**如果賽局只進行一次，則每個參與者都只會關心一次性的獲利**。因此，重複賽局的次數會影響到賽局均衡的結果。

**選擇不合作，是因為認定為「一次性的賽局」**

關於一次性的賽局，以下介紹有助於理解的例子。

清朝的《笑笑錄》中記載，某個商人去理髮店剃頭，懶惰的剃頭匠草率地把頭剃完交差。儘管商人覺得心裡不舒服，卻付給剃頭匠兩倍的價錢。

一個多月後，商人又來到這家理髮店，接待他的還是上次那個剃頭匠。為了多賺一些錢，剃頭匠決定殷勤侍候這位出手大方的客人。這一次，他剃得很仔細，商人透過鏡子看到剃頭匠跑前跑後地忙碌，不禁暗自竊笑。

頭剃好了之後，商人卻只付了一半的價錢給剃頭匠。眼前的剃頭匠滿臉怒氣，商人不疾不徐地說：「今天的剃頭錢，我上次已經付給你了，今天給的錢算是上次的剃頭費」，便頭也不回地走了。

這個故事說明，**當發生賽局的次數有限，只要臨近賽局的終點，賽局雙方採取不合作策略的可能性會升高**。故事中的商人在為自己討回公道後，想必不會再來這家理髮店，因此他選擇不合作的策略。

現實生活中，因為一次性賽局的頻繁發生，引發了許多不合作的行為。

舉例來說，脾氣暴躁的人如果在大街上被陌生人踩到腳，會立即破口大罵，但如果是被平時熟悉的人踩到，則會一笑置之。實際上，會對陌生人發火，是因為這是一種「不重複」的賽局，而對熟人微笑，則可看作是「抬頭不見低頭見」的重複賽局。

**重複賽局中，每次賽局的條件、規則和內容都相同。**但由於賽局存在長期利益，因此參與者必須考慮到如何避免其他人在最終階段對抗、報復或惡性競爭，無法像在一次性賽局中一樣，絲毫不顧及其他參與者的利益。

有時，只要其中一方表示出合作的態度，就可能使其他參與者在往後階段採取合作，從而實現共同的長期利益。

**柏拉圖最適**（Pareto optimality，註：又稱為帕累托最優）是指資源配置的一種狀態，在不使任何人處境變壞的前提下，也不可能再使某些人的處境變好。這只是理想標準中的「最低標準」。

也就是說，如果尚未達到柏拉圖最適的狀態，即表示它不夠理想，因為還存在改進的空間，可以在不損害任何人利益的前提下，提升某些人的利益。

## 三個槍手決鬥，結果槍法最差的人活下來？——槍手賽局

《三國演義》裡有這樣一個故事。袁紹軍被曹軍擊敗之後，袁紹的兒子袁尚和袁熙投奔至烏桓（中國古代的北方民族）。為了清除後患，曹操決定進攻烏桓，走投無路的袁氏兄弟，轉而投向遼東太守公孫康。

面對窮途末路的袁氏兄弟，氣勢高漲的曹軍諸將都向曹操請命，希望進軍遼東，一鼓作氣捉拿兩兄弟。但老謀深算的曹操沒有聽取諸將意見，選擇按兵不動。數日過後，公孫康派人將袁尚、袁熙的頭顱送到曹操帳中，這一舉動讓很多人都感到相當震驚。此時，曹操拿出軍師郭嘉留下的遺書。

原來，郭嘉早就想到這番結果，勸曹操不要急於進攻遼東，因為公孫康一直害怕被袁氏吞併，現在袁氏兄弟去投奔他，必然會引起懷疑。如果曹操前去討伐，袁

氏和公孫康自然會聯合起來對抗曹軍，曹軍將會難以取勝。但若按兵不動，靜待公孫康與袁氏雙方廝殺，最終曹軍便能得利。

郭嘉的一場「坐山觀虎鬥」，最終讓曹操得到自己想要的結果。曹操聽從郭嘉的建議，面對多個對手時選擇坐山觀虎鬥，最終在不費吹灰之力的情況下，減少一個競爭對手。

實際上，曹操的做法與槍手賽局有著異曲同工之妙。曹操及郭嘉的謀略屬於帝王學，大多無法真正地避免陰險狡詐的一面。相較之下，現代的賽局講究策略，更具有操作性。

## 槍法最差的人反而是最後贏家

槍手賽局（註：槍手賽局出自賽局理論的一道問題，並沒有專門用語）就是在面對一個以上的敵人或對手時，為了避免自己的進攻導致對手聯合起來抵抗，選擇採取靜待時機的行為。

為了獲得自己希望的結果，賽局中最重要的就是不可操之過急。瞭解兩者的區分之後，再來看看槍手賽局的模型：有三個水火不容的槍手在街頭巧遇，三人同時拔槍開火，假設槍手甲的命中率為九〇%，槍手乙的命中率為六〇%，槍手丙的命中率為四〇%，而且三個槍手都能夠冷靜思考，在第一陣槍響之後，誰活下來的可能性最高？

回答這個問題前需要仔細思考，人們通常都會認為甲的槍法好，活下來的可能性最高。但經過仔細分析，會發現**槍法最差的丙，反而更容易存活**。

一場激烈的槍戰中，槍手甲一定會先對槍手乙開槍，因為比起丙，乙對甲的威脅更大。因此，甲的策略應該是除掉乙。

同樣地，槍手乙的最佳策略會是先朝甲開槍。一旦甲被除掉，乙和丙進行對決，乙的獲勝率會提高很多。

槍手丙的最佳策略也是先向甲開槍，因為乙的槍法比甲差，先把甲除掉後再對抗乙，丙的生存率更高。

透過機率統計，三個槍手在做出抉擇後的生存率，槍法最差的丙生存率最高，

另外兩人的存活機率則遠低於丙。

由此可見，在關係複雜的多人賽局中，**一個參與者最後能否勝出，不僅取決於自身的實力，更重要的是各方實力的對比關係與策略。**

## 想要獲勝，關鍵在於採取最優策略

縱觀世界各國的政治競選活動，我們經常可以看到很多關於槍手賽局的影子。特別是在多人競爭的局勢中，佔有優勢的候選人常被居於下風的候選人們猛攻，最後落選。

「木秀於林，風必摧之」，對於競爭者來說，等其他人互相爭鬥完，甚至退出競爭時再出手，局勢反而對自己更有利。假如在其他參與者眼中不構成威脅的參與者，能夠採取最佳策略，更容易在強者們的相互殘殺下脫穎而出。

只要我們能採取屬於自己的最優策略，無論對手如何行動，都有機會取得出人意料的結果。

賽局的基本構成要素：

①**參與者**：又稱參與人，指的是決策主體透過自己的行為，使利益最大化。

②**行動**：指參與者在賽局某個時間點採取的決策。

③**訊息**：參與者所掌握的賽局知識，特別是關於其他參與者的特徵和行動的知識。資訊集則是指參與者在特定的時刻有關變數值的知識。

④**策略**：是指參與者在把握資訊情況下的行動規則，規定在什麼時候選擇什麼行動。

⑤**結果**：主要指均衡策略組合、均衡行動組合、均衡支付組合等。

⑥**均衡**：是指所有參與者的最優策略集合。

## 談判就像會融化的蛋糕，僵持越久融化越多——談判賽局

這是一個兄弟打獵的故事。某天，兄弟兩人很想吃野味，兩人精心準備後，扛著獵槍來到山上打獵。他們遇到一隻離群的大雁，兩個人同時搭箭瞄準。

箭在弦上，眼看兩人的箭將同時發出，哥哥突然說話了：「把這隻大雁射下來後，我們把牠煮來吃吧。」

「鵝用煮的好吃，但是大雁還是用烤的好吃，用煮的就浪費了。」聽了哥哥的話，弟弟不服氣地說。

兄弟兩人因為這個問題開始吵起來，過了很久都沒有達成共識。後來，一個樵夫經過，聽到他們的爭吵，便說：「這個問題很好解決啊，把大雁分成兩半，一半用烤的，一半用煮的就行了。」

聽了樵夫的話，兩兄弟豁然開朗，但是當他們回過神來再次拉弓，才發現大雁已經飛走了。

一場爭吵，什麼也沒留下。其實，兄弟兩人明明可以在射下大雁之後，再來討論要用什麼方法烹調，偏偏在劍拔弩張的一瞬間，兩人只看到眼前的既得利益，就落入陷阱。

現實生活中，我們的收益通常不固定。**在我們計劃如何分配收益時，收益可能正在不斷縮水。**如果用賽局理論來解釋，就涉及到談判賽局（Bargaining games，註：也稱為議價談判）。

## 談判也需付出成本，如何拿捏得宜？

我們可以看一下談判賽局的基本模型：假設桌上有一塊冰淇淋蛋糕，甲和乙都很想馬上吃到蛋糕，但兩人因為蛋糕的分配方式上而展開爭吵。在他們爭吵的過程中，蛋糕一直不斷融化。

假設每經歷一輪談判，蛋糕就會固定縮小一些。第一輪由甲提出分蛋糕的方法，乙接受則談判成功，不接受則進入第二輪談判。第二輪由乙提出分蛋糕的方法，甲接受則談判成功，不接受則蛋糕會全部融化。

在這個過程中，甲最初提出的方法非常重要。如果乙無法接受甲提出的方法，蛋糕就會融化一半，即使第二輪談判成功，兩人能獲得的利益也比第一輪小。因此，經過仔細考慮，甲明智地決定在第一輪談判時，自己拿少一點，如果乙也同樣明智，就會同意甲的要求。

日常生活中，討價還價的問題不只出現於商品買賣，在國際貿易乃至政治談判中也可以看到它的蹤影。在眾多領域都能廣泛應用分蛋糕的例子，無論這日常生活商業界還是國際政壇，充斥各種需要討價還價，或是評判總收益如何分配的問題，而總收益其實就是一塊蛋糕。

當然，在現實生活中，不同情況可能出現不同要求，因此收益縮水的方式非常複雜。但可以肯定的是，**討價還價的整個談判過程不可能無限延長，因為談判本身需要成本。**

## 表現得不疾不徐，最能低價買到好貨

如果談判雙方都為了獲得對自己更有利的結果，始終堅持不願妥協，他們得到的利益往往比不上談判的代價。因為談判的時間越長，蛋糕縮水得越厲害，因此雙方真正僵持的時間不會太長。具有這種成本的賽局最明顯的特徵就是，**談判者需要盡量縮短談判過程，以減少耗費的成本**。

在商業談判中，通常是賣家先提出一個價碼，由買家決定是否接受。如果不接受，買家可以提出自己能接受的價格，或是等待賣家調整價碼。如果這場談判僵持不下，賣家會喪失許多賣出更多商品的機會，買家也會失去使用新產品的機會。

談判讓買賣雙方損失很多機會，但他們依舊在不斷的討價還價中僵持，這是**因為賽局的雙方在利益上對立，某一方利益的增加會損害另一方的利益**。為了避免兩敗俱傷，他們都希望達成某種協定。因此，**雙方需要在達成協議的底線和爭取最大利益的結果中進行權衡**。

我們常會看到這樣的現象：許多急於買東西的人寧願付高一點的價錢購物，相較之下，急切地想將商品推銷出去的人，往往習慣以較低的價格賣出自己的東西。

有鑒於此，許多有經驗的人在買東西時，往往表現出一副不疾不徐的態度，即使內心再想要，也不會在賣家面前表現出來。

其實，這些做法都與賽局理論有密切的關係。因為在談判的過程中，**第二個開價者具有後動優勢**（Late-Mover Advantage，在談判賽局中，第二個開價者的態度，會成為是否進入下一輪談判的關鍵）。

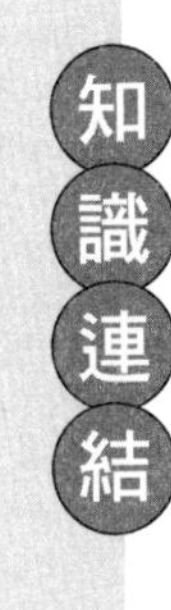


**零和賽局**（Zero Sum Game）與前面提到的**非零和賽局**（Non Zero Sum Game）是相對的概念，兩者都屬於賽局理論中的非合作賽局，也就是指**參與賽局的各方在嚴格競爭下，其中一方的收益必然造成另一方的損失，賽局各方的收益和損失相加總和永遠為零**。

零和賽局的結果是一方吃掉另一方，一方的所得正是另一方的所失，

**整個社會的利益不會因此而增加或減少。**

# 算命師能夠未卜先知，秘密在於一根指頭——策略欺騙

有個算命師因為能鐵口直斷，被奉為神靈下凡。為了得到神靈的庇護，很多人願意花大錢，只求他為自己卜卦。某天，有三個書生請算命師卜卦。

一直在閉目養神的算命師明白他們的來意，眼睛都沒睜，只伸出一根手指在空中晃了一下，一個字都沒說。三個書生都一臉茫然。

「大師，我們三個到底誰能考中？」一個書生回過神來，急切地問道。但是，算命師還是像剛才一樣，只伸出一根手指，一言不發。三個書生想，也許天機不可洩露，算命師不便明說，雖然一頭霧水，還是默默離開了。

這時，一直跟著算命師的助理好奇地問他：「大師，他們三人之中，到底誰能考中呢？」

「不管是否考中，或者能考中幾個，我都說中了。」算命師胸有成竹地說：「一根手指可以表示他們之中的一個人考中，也可以表示只有一個不中，還可以表示三個人都一次就中，當然也可以表示一個人都不中。」

這個故事中，算命師只用一個手勢，就包辦了書生們應考的四種結局。由此可見，這個算命師並不是未卜先知的神通，而是巧妙應用賽局理論裡的**策略欺騙**（註：此為作者自身統整的說法）。

在現實賽局中，參與者往往會**利用自己所蒐集的資訊，瞭解對方的優勢和劣勢，從對方的弱點下手，進行攻克**。這時的基本策略是先隨機出招、維持平局，同時盡量從對方的行動中尋找規律，一旦捕捉到規律就順水推舟。

如果賽局雙方都採用這種保守策略，賽局將永遠維持在平衡狀態，一場真正的鬥智，必須有一方率先出擊，從而誘使對手轉守為攻。**一個善用策略行動的人，在必要的自知之明外，還要出其不意地把對方誘入局中**。

## 將計就計，讓騙子自投羅網

明朝有位名叫鄭堂的秀才，在福州（位於今日的福建省）府城內開設一家字畫店，生意十分興隆。

某天，一個自稱龔智遠的人帶著一幅傳世之作《韓熙載夜宴圖》來典當。龔智遠向鄭堂借了八千兩銀子，並答應在字畫到期之前，會加上利息還給鄭堂一千五百兩銀子。

時間一天天過去，轉眼到了贖畫的最後期限，卻始終未見龔智遠的身影。深感不妙的鄭堂取出字畫認真一看，發現這幅畫竟是贗品。一時之間，鄭堂收取贗品、被騙走八千兩銀子的消息轟動了全城。

兩天之後，鄭堂在家中大擺宴席，邀請全城名流、字畫行家前來赴會。酒宴過半，鄭堂取來那幅贗品，懸掛在大堂中央，對眾賓客說：「今天請大家來，一是向大家表明，我鄭堂絕不被一時的失誤擊垮；二是讓各位同行們見識一下假畫，引以為戒。」賓客們一一看過假畫後，鄭堂便把假畫投進火爐。眼看字畫化為灰燼，八千兩銀子就這樣付之一炬，鄭堂的舉動傳遍了全城。

事情到此並未結束。第二天一大早，銷聲匿跡的龔智遠突然出現在鄭堂的字畫店裡。他推脫說有事耽誤了贖畫的時間。鄭堂邊在心裡盤算邊說：「沒關係，只耽誤了三天而已，但需要加三分利息，一共是一萬五千兩百四十兩銀子。」

龔智遠知道自己的畫已經被鄭堂燒毀，於是有恃無恐地要求贖畫。驗過銀子之後，鄭堂取出一幅畫遞到龔智遠手中。得意的龔智遠將畫打開，頓時手腳發涼，癱軟在地。

原來，鄭堂又仿照贗品，請人畫了另外一幅畫。宴會中燒掉的，正是他自己仿造的假畫。

鄭堂將策略欺騙應用得恰到好處，原因就在於他抓住龔智遠的行騙心理，反過來將計就計。鄭堂付出了暫時的代價誘導敵人，在敵人被自己牽著鼻子走時，他自然成為勝利者。

## 辨別資訊真偽，才不會被假訊息欺騙

現實生活中，我們接受的龐大資訊都是真真假假混合在一起，讓人一時之間無從分辨。其實，賽局過程中，賽局參與者發出的資訊往往不真實。

市場上，許多賣家為了獲利，不惜聲稱品質低劣的產品是優質產品。為了迷惑買家，他們用盡手段，展示各種證明產品優良的資訊。在這個過程中，買家必須學會甄別資訊，才能避免被眼前的假象欺騙。

無論面對多麼繁雜的情況，我們都應該將自己收集到的資訊綜合起來，並加以利用，獲取事情的真相，才能保護自己不被假訊息欺騙。

另外，**策略欺騙不等於欺騙**，也不是讓我們在生活中行騙，而是**利用賽局理論，在市場行為、人際關係中，為自己謀取最大利益**。

辨別資訊真偽的方法：

①**根據資訊的來源途徑進行辨別**。第一手資訊的可信度最高。如果是道聽塗說，可信度就會降低。

②**不盲目相信獲得的資訊**。根據自己的理性和經驗判斷，不囫圇吞棗獲取的資訊，或是照單全收。

③**透過多方管道獲取資訊**。擴大獲取資訊的途徑，廣泛的訊息量有助於做出理性決策。

④**向權威機構核實**。例如自己不能分辨市場上的偽鈔時，就應該借助銀行或其他機關的力量。

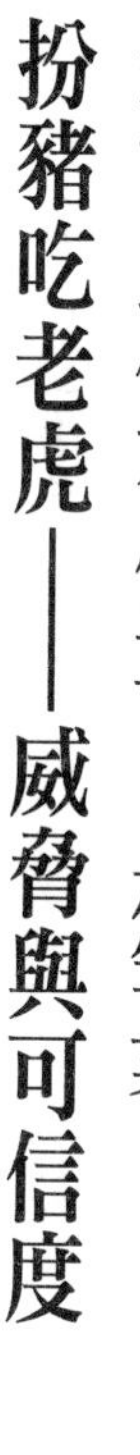

## 新官上任不做事，是等著扮豬吃老虎——威脅與可信度

明朝人況鐘的故事，一直是民間流傳的一段佳話。在楊士奇、楊浦、楊榮的推薦下，況鐘被皇帝從小吏升為蘇州知府。皇帝親自將詔書交給他，詔書表明：況鐘辦案能夠不待上奏、自行處置。

來到蘇州之後，每當部屬將公案上呈給況鐘審閱，況鐘不但對公案置若罔聞，還擺出一副心不在焉的模樣，將一切文案交給部屬處理。他們懷著忐忑的心情，將處理好的文案交回給他時，況鐘卻連看都不看，隨手就批上「通過」。

持續一段時間後，部屬便開始看不起況鐘。又過了一段時間，衙門中的弊病、漏洞暴露地一覽無餘。

蘇州有個姓趙的通判（註：輔助知府的官職），行事一直以囂張著名。一般來說，況鐘身為新知府，應該急需為自己樹立威嚴，但他受到趙通判的欺凌，居然總是默不吭聲。

一個月後，況鐘突然命令部屬召集全體官員，表示有事要宣佈。他鄭重地打開手中的文書，對眾人說：「一個月以來，我一直忘了向大家宣佈這封皇帝親授的詔書，今天我就來公佈這道聖諭。」當聽到詔書中「所屬官員如做不法之事，況鐘有權自行處置」，所有人都直冒冷汗。

宣讀完詔書後，況鐘隨即升堂，招來趙通判，依照他的罪行進行嚴厲的判決。從此以後，部屬中的不法之徒再也不敢作惡。

況鐘一開始受人欺凌都默不作聲，最後借助詔書剷除不法之徒，為自己樹立威嚴。在這個故事中，我們可以看出，很多時候適當的威脅非常重要。

## 適當的威脅，是賽局中的強力武器

在賽局理論中，**威脅**指的是對不肯合作的人進行懲罰。一般而言，威脅都是在策略選擇之前進行，因此在受到威脅時，首先要**確認威脅的可信度**。

在實際決策中，如果想透過威脅影響對方的行動，我們必須保證自己的威脅不會超過必要範圍。賽局中，**適當的威脅可以大到足以奏效，小到令人信服**。如果威脅控制不當，讓對手難以相信，自己又不能說到做到，威脅便會失去效果。

每當啟動威脅，參與者的首要考量是**發出的威脅是否足以起到嚇阻作用**。同樣地，選擇威脅時，必須經由理性思考，將威脅的程度控制得恰到好處，否則**不恰當的威脅會對整體賽局產生不良影響**。

## 用一句話，趕走私闖園林的不速之客

巧妙運用威脅，可以幫我們解決許多日常生活中的實際問題。女高音歌唱家瑪笛・梅絲普蕾（Mady Mesple）的園林，就是一個最好的例子。

梅絲普蕾有一處屬於自己的私家園林，但附近的人總是闖進她精心打理的園林，亂拔鮮花、野菇、水果，甚至野炊宿營。她忍無可忍，一次又一次地命令工作人員將園林四周裝上籬笆牆，並在明顯的位置標註「私人園林，禁止入內」，卻徒勞無功。

某天她突發奇想，將寫著以下文字的字條交給工作人員：「如果有人在園林中被毒蛇咬傷，最近的醫院距此十五公里」，吩咐他們標註在所有入口的顯眼處。從此，再也沒有人私闖園林。

適當的威脅，幫助梅絲普蕾解決陌生人私闖園林的煩惱。但是，面對可能的威脅，如果對方沒有就此收手，而是深入分析、仔細觀察，威脅就會變得不可信。

在一場賽局中，如果我們能瞭解威脅的重要性，就能**讓自己的威脅具有可信度，並能夠迅速判斷出他人的威脅是否可信，讓整個賽局對自己有利**。

**知識連結**

**序列賽局**（Static Game）中，參與者同時採取行動，或參與者的行動採取先後順序，但**較晚行動的參與者，無法得知較早行動的參與者採取什麼行動內容**。

**動態賽局**（Dynamic Game）中，參與者的行動有先後順序，**較晚行動的參與者，可以得知較早行動的參與者採取的行動**。

## 新龜兔賽跑：「沒有永遠的敵人，只有永遠的利益」——合作賽局

甲父史和公石師是春秋戰國非常著名的兩個人物。甲父史擅長計謀，但處事優柔寡斷，公石師雖然行事果斷，卻缺少心計，常常因為疏忽大意而犯錯。於是兩人決定一起生活，彼此取長補短、合謀共事。如此一來，他們無論做什麼，總是無往不利。

有一天，兩個人因為生活上的一些小事，大吵一架後不相往來，從此開始各自生活。後來，他們都遇到很多麻煩，也過得不順利。看到如此完美的組合就此分開，身邊的人都替他們感到可惜。

終於，一個叫密須奮的人忍不住了，他哭著對兩人說：「海裡的水母沒有眼睛，只能靠蝦來帶路，蝦則分享著水母的食物。牠們彼此依存，缺一不可。遙遠的

北方有一種肩膀相連的比肩人，他們輪流進食，一起生活。如果其中一個人死了，另一個人也活不了。你們兩人就像蝦和水母以及比肩人一樣緊緊相連，你們分開會使生活境況變得非常不順利，既然嘗盡了苦頭，為什麼還不和好呢？」

甲父史和公石師聽了這席話，感到非常慚愧。他們瞭解到兩人合作的重要性，再度言歸於好，決定重新一起生活。

甲父史和公石師各有各的優點和特長，許多問題都能在兩人的通力合作下迎刃而解。

## 討價還價達成共識，讓雙方都能獲利

就像前面的故事一樣，**每個人的能力有限**。在這個競爭日益激烈的社會裡，**攜手合作才能獲得最終成功**。這就正好符合經濟學中的**合作賽局**（Cooperative Game Theory，註：也稱為正和賽局或正和博弈）。

合作賽局指的是**賽局雙方的利益都有所增加，或是至少在一方的利益增加時，**

**另一方的利益不受損害**。合作賽局研究的是**人們在達成合作時，如何分配得到的收益**，也就是**收益分配**（Income Distribution）。合作賽局能達成這樣的效果，是因為採取**妥協**和**合作**。

妥協和合作之所以能增進雙方的利益以及整個社會的利益，就是因為合作賽局能產生**合作剩餘**（Cooperative Surplus）。這個剩餘是經由妥協和合作產生。至於如何分配剩餘，則是取決於賽局雙方的技巧和運用方式。

因此，**妥協必須經過賽局雙方的討價還價，並在達成共識後進行合作**。在這裡，**合作剩餘的分配既是妥協的結果，也是達成妥協的條件**。

## 龜兔重新賽跑，讓風險降到最低

我們可以從「新龜兔賽跑」的故事，理解合作賽局。自從第一次龜兔賽跑的比賽過後，兔子因為大意錯失冠軍，心裡相當不服氣，決定和烏龜再比一次。第二次龜兔賽跑，兔子贏了，烏龜輸了，烏龜覺得兔子只會跑步，牠也很不服氣，要求比第三次。

這一次，路線由烏龜制定，途中得經過一條河，兔子不會游泳，眼看著烏龜就要贏了。這時，烏龜說：「我們為什麼總是競爭呢？為什麼不合作看看？」

最後，牠們達成共識，陸地上由兔子揹著烏龜跑，過河時由烏龜揹著兔子游，最後一起抵達終點。

從這個故事可以看出，當今**社會上最重要的就是合作。透過合作，才能獲得名為雙贏的最佳成果**。俗話說：「**沒有永遠的敵人，只有永遠的利益**。」所有的競爭當中，每個人必須**辨明自己參與的賽局種類，並以此為根據選擇最合適自己的策略**。

有對手、有競爭才會有發展，但我們也可以在其中看到人性。如果對方的行動可能對自己不利，我們應在保證基本利益的前提下，與他人合作，才將能風險降到最低。

**知識連結**

**負和賽局**（Negative sum Game，註：也稱為負和博弈）是指雙方出現衝突和鬥爭，造成所得小於損失的結果，是一種兩敗俱傷的賽局，表示**雙方有不同程度的損失，且賽局中沒有任何人得利。**

## 重點整理

■ 重複發生的囚犯困境，與單次發生的囚犯困境並不相同，不會得到相同的結果。

■ 智豬賽局存在的基礎是雙方處在相同局面，且其中一方必須付出代價以換取雙方的利益。

■ 重複賽局中，每個參與者都可以根據其他參與者過去的行動，決定自己在每個階段的策略。

■ 賽局有六項基本要素，包括參與者、行動、訊息、策略、結果和均衡。

■ 零和賽局的結果是一方吃掉另一方，一方的所得正是另一方的所失，社會的利益不會因此增加。

- 策略欺騙不等於欺騙，也不鼓勵行騙，而是要我們在市場行為、人際關係中，為自己謀取最大利益。
- 瞭解威脅的重要性，就能讓自己的威脅具有可信度，並迅速判斷他人的威脅是否可信。
- 合作賽局指賽局雙方的利益都有所增加，或至少在一方的利益增加時，另一方的利益不受損害。

NOTE

第3章

# 業績在衰退？把自己當作消費者，就能……

消費的另一個重要目的是給他人留下印象，爲了讓他們的朋友及鄰居嫉妒，並跟上朋友及鄰居的消費水準。

——托斯丹・范伯倫（Thorstein Veblen）

## 為什麼拿破崙三世不用銀盤，而用鋁碗？——炫耀性消費

據說法國皇帝拿破崙三世（Napoléon III）是個非常喜歡炫耀的人，他常常大擺酒席，宴請天下賓客。有趣的是，每次在餐桌上，賓客們看到的幾乎都是發光的銀盤，唯獨拿破崙三世面前擺著一只鋁碗。

拿破崙三世貴為皇帝，為什麼不用亮麗高貴的銀盤，而用色澤暗淡的鋁碗？我們身在現代或許百思不得其解，但在那個時代相當卻是理所當然。

原來，兩百年前的煉銀技術已經相當成熟，宮廷中的銀製品隨處皆是，但那時的人們才剛學會煉鋁，不但技術落後，鋁製品在當時也是非常稀有的珍寶。據說，不單平民百姓用不起當時的鋁製品，就連王公貴族也只能望而卻步。一向喜歡炫耀的拿破崙三世使用鋁碗，目的是為了顯示自己的身價不凡。

三百年前，鋁製品十分稀有，但在人們發明電解鋁技術之後，大量生產的鋁製品不再昂貴，使用這類製品變成稀鬆平常的事。現今，金、銀製品的價格不斷攀升，鋁製品再也不是身分地位的象徵。

拿破崙三世購買昂貴鋁製品，供自己使用和炫耀的行為，在經濟學領域中被稱為**炫耀性消費**（Conspicuous Consumption）。

## 富人和窮人的區隔，在於高價消費

一八九九年，托斯丹・范伯倫（Thorstein Veblen）在《有閒階級論》（*The Theory of the Leisure Class*）一書中，率先將炫耀性消費的概念作為一種重要的社會經濟現象提出。

范伯倫認為，商品可以分為兩大類：**非炫耀性商品**（Normal Good，註：又稱為正常財）和**炫耀性商品**（Veblen Good，註：又稱為炫耀財或韋伯倫商品）。其中，非炫耀性商品給消費者帶來物質效用，炫耀性商品則帶來虛榮效用。

所謂虛榮效用，指的是透過購買某種特殊商品，受到其他人尊敬，並帶來自己彷彿高人一等的滿足感。而且，**炫耀性消費的目的不在於物品的實用價值，而在於炫耀自己的身份**。

此外，**消費心理學**（Consumer Psychology）研究表明，商品的價格具有排他作用，能夠顯示**個人收入**（Personal Income）水準。**富人常會利用收入優勢，並透過購買高價商品，在自己和窮人之間做出區隔**。

## 炫耀性消費的根源，在於炫富心理

就像拿破崙三世在宴會上使用鋁碗炫耀身份、地位和財富，許多現代人在拜金熱潮和及時行樂的觀念推動下，透過住豪宅、開名車、穿名牌等方式，顯示自己與眾不同。歸根究柢，這便是炫富心理在作怪。

事實上，不正常的炫耀性消費會帶來許多不良後果，這種互相比較的風氣勢必導致**權錢交易**（Power-for-Money Deal，註：用金錢賄賂以獲取權力，或是用權力謀取私利的行為）等貪污腐敗的狀況出現。投入大量資本、消耗大量資源生產炫耀性產品，將造成資源浪費，直接影響社會甚至國家的經濟體系。

## 知識連結

**象徵性消費**（Symbolic Consumption）包含兩種含義：一是**消費的象徵**，就是借助消費者的行為表達和傳遞某種意義和資訊，包括其地位、身份、個性、品位和認同。消費過程不僅滿足基本需要的過程，同時也是社會表現的過程。

二是**象徵的消費**，就是消費者不僅購買商品本身，也一併購入商品象徵的社會文化意義，包括消費時的心情、美感、氛圍、氣派和情調。

## 約翰遜借力使力，打開黑人化妝品市場——捆綁銷售

美國約翰遜黑人化妝品的銷售量在全球名列前矛，其實創業之初並不順利，當時約翰遜身為公司的總經理，在產品的銷售問題上傷透腦筋。

創業之初，約翰遜經營的只是一家很小的黑人化妝品公司。當時，佛雷化妝品公司幾乎壟斷美國市場，約翰遜公司產品的市佔率並不大。

為了擴大銷售量，約翰遜絞盡腦汁，終於想出一句廣告標語：「當你用過佛雷公司的化妝品，再擦一次約翰遜的遮瑕膏，將會得到意想不到的效果。」這招不僅沒有引起佛雷公司的戒備，反而讓使用佛雷化妝品的顧客，很快地接受約翰遜化妝品。

後來，隨著銷量大幅增長，約翰遜適時抓住大好時機，迅速佔據化妝品市場，並為了強化市場地位而加快產品開發，在短時間內，連續推出一系列化妝品。經過幾年努力，約翰遜系列化妝品幾乎壟斷美國黑人化妝品市場。

當自家產品在市場中處於弱勢，約翰遜巧妙借助知名公司的影響力，宣傳自家產品，最終佔據化妝品市場。如果用經濟學的角度來看，這個案例涉及了**捆綁銷售**（Bundling Sale）的概念。

## 附帶條件的銷售，也是捆綁銷售

捆綁銷售會透過兩個或以上的品牌、公司，在銷售過程中採取合作，從而擴大它們的影響力，可以說是**共生行銷**（Symbiotic marketing）的一種形式，被越來越多的企業重視和運用。

以下是捆綁銷售的主要形式：

① **包裝捆綁**，產品包裝中用類似或不同類的物品進行包裝，例如牙刷與牙膏、

洗髮精與沐浴乳或毛巾等相關產品的捆綁。這樣能在節省成本的同時，讓大家共同獲利。

②**定位捆綁**，新產品上市時常會找知名品牌捆綁，為產品定位，同時達到宣揚自己的目的。約翰遜將自家公司產品與佛雷公司捆綁，就是一個很好的例子。

③**宣傳捆綁**，把相關產品集中在一起進行宣傳。如此一來，既增加宣傳力道，又節省大筆資金。例如：美容產品和知名模特兒的捆綁。

④**銷售捆綁**，將幾種產品做成統一包裝進行銷售。例如把牙膏、牙刷、香皂等做成促銷套裝銷售。消費者實際受益，自然也願意購買。

日常生活中，我們常常可以看到買拖把送清潔劑、買手機送通話費、買電磁爐送湯鍋等促銷方式，不知不覺中，這些捆綁銷售已經成為我們生活的一部份。

捆綁銷售也稱為附帶條件銷售，銷售商要求消費者在購買產品或服務的同時，也得購買另一種產品，並把消費者購買第二種產品的行為，當作購買第一種產品的條件。

## 善用捆綁銷售，買賣雙方都受益

捆綁就是**資源的再次創新與整合**。在原有資源的基礎上，透過整合創造出更有力的行銷模式，更利於消費者接受與處理資訊，讓消費者轉被動為主動。如果我們能適度把握好該綁什麼，並有效規劃，從而避免令人反感、風馬牛不相干的捆綁，便能藉由綑綁創造最大效益。

捆綁銷售是一種全新的販售方式，將宣傳、銷售、促銷等多種因素集合在一起，目的是為了節省資源、提高效率。

但需要注意的是，捆綁銷售不是折價銷售，更不是傾銷，和「買一送一」也截然不同，合理的捆綁銷售能使消費者和生產者都受益。我們瞭解捆綁銷售的概念後，便能在具體規劃上，朝著這種一舉兩得的方向努力。

**知識連結**

捆綁銷售也被稱為價格捆綁策略，或是捆綁價格策略，是指將兩種或兩種以上的相關產品集中，制定合理的價格後捆綁出售。這種銷售行為和定價方法常常出現在**資訊商品**領域，其中，最有名的就是，微軟公司將IE流覽器與Windows系統捆綁，並以零元的價格附隨出售。

# 紅頂商人胡雪巖，靠這一招成為傳奇首富——顧客滿意度

清朝的紅頂商人胡雪巖珍惜顧客、服務周到的事蹟，至今仍為人稱道。

讓顧客滿意是胡雪巖經商的根本，他要求凡是出自自家胡慶餘堂的藥品，一律保證貨真價實，並將「戒欺」（不欺騙）作為員工必須遵守的店規。他還要求，凡事都應以顧客為上，當顧客有疑問或者需要調換貨物，所有店員都不得有絲毫怠慢，應竭盡全力讓顧客滿意。而且，如果藥品品質出現問題，胡雪巖都會在第一時間收回藥品。

胡氏避瘟丹是胡慶餘堂的名藥。某次，有個從遠方慕名而來的顧客，到店裡買了一盒。不料，當客人付過錢後打開一看，發現藥有雜味，失望地要求退貨。胡雪巖聽聞後，仔細觀察藥丸，最後發現藥品在新換的藥櫃裡沾染雜味。胡雪巖立刻向

客人致歉，並吩咐店員馬上更換新藥。

店員找了許久，發現胡氏避瘟丹已經售完。本來對方已經不抱任何希望，但胡雪巖為了不讓遠道而來的顧客失望，主動將他留宿家中，並且承諾在三天之內將藥品送上。後來，胡慶餘堂憑藉優質的藥品，以及店員周到的服務，店鋪的規模越來越大，成為至今仍享譽國內外的名店。

這家品牌老店得以百年不倒，靠的就是胡雪巖這種「顧客至上」的根本信條。胡雪巖作為大名鼎鼎的一代藥商，他用行動也將這個致富秘訣傳給後人。現今，這個理念已成為許多優秀企業家走向成功的不二法門。

在經濟學中，**顧客滿意度**（Customers Satisfaction Degree）無時無刻不影響著商品銷售。

## 顧客滿意度是「對比」出來的

從本質上來說，顧客滿意度反映的是顧客的心理狀態，它是**顧客對產品所產生**

**的感受，以及內心期望的對比**。也就是說，「滿意」並不是一個絕對概念，而是一個相對概念。

企業不能閉門造車，留戀於自己是否優化服務、服務態度、產品品質、價格等主觀指標，而應考察公司提供的產品或服務，是否吻合顧客的期望。

通常，消費者在使用商品（包括有形產品和服務）後，都會根據自己的消費經驗來評價商品，這就是顧客滿意度。

經濟學家認為，顧客滿意度像恩格爾係數（Engel's Coefficient，表示生活程度的指標之一）、幸福指數等生活資料一樣，可以透過計算評估。購買完商品之後，顧客都會經歷一個過程，就是在購買和接受產品之前，設想自己獲得產品後的感受，也就是**期望值**（Expected Value）。

具體體驗產品和服務時，顧客會產生實際感受。這個過程中，如果顧客的感受遠低於期望值，就會覺得不滿意。相反地，如果顧客體驗效果和期望值相差不多，甚至高於期望值，就會覺得非常滿意。將這個過程用公式表示就是：滿意度等於實際效果，並大於預期。

當顧客的滿意度越高，就會越認可這項產品，提高繼續消費的可能性。因此，企業若想長久發展，首先應該重視客戶滿意度，以防止客戶流失，並且積極開發新客戶。

## 知識連結

**潛在顧客**（Potential Consumers），指的是可能成為實際顧客的個人或組織。這類顧客通常具備購買欲望或購買能力，但**尚未與企業或組織進行交易**。

潛在顧客可分為一般潛在顧客和競爭者顧客兩大部分。一般潛在顧客是指已有購買意願，且尚未購買過同類產品的顧客，以及雖然曾是某組織的顧客，但對該品牌的認可較為隨意的顧客，而競爭者顧客則是指競爭對象擁有的顧客群體。

## 鑽石與白馬王子很珍貴，都是因為一個緣故——商品稀缺性

在大多女孩心中，都有個白馬王子的童話，促使女孩們努力尋找屬於自己的白馬王子，這是女性的「白馬王子情結」（註：此為韓國的造語）的根源。許多女孩都有成為公主的夢想，期盼某一天會有個英俊王子騎著白馬來迎娶自己，從此兩人過著幸福的生活。夢想雖然浪漫，但是現實非常殘酷。

雖然幾乎每個女孩都做過白馬王子的美夢，騎白馬的人也很多，卻並非都是王子。稀少的白馬王子面對眾多女孩，真正能被王子娶回王宮的女孩少之又少。這個例子中，白馬王子即具有**稀缺性**。

稀缺性也被稱為**有限性**（Finitude，註：此為神學用語），是指相對於人們的無窮欲望，**經濟資源**（Economic Resource）或用於生產的資源不足。任何物品想要

成為商品，必須具有稀缺性。**空氣對人雖然重要，卻無法成為商品，因為空氣隨手可得。**

## 一件物品的價值，取決於稀缺性

在經濟學裡，有個說法是：為什麼鑽石比水貴？按照用途來說，鑽石永遠無法和水相比，水是人類的生命之源，人類離開了水就無法生存，可是即使沒有鑽石，人們的生活幾乎不會出現任何問題。

經濟學的開山鼻祖亞當・史密斯（Adam Smith）說，兩者的差別就在稀缺性。由於鑽石很稀少，物以稀為貴，人們為了能夠獲得鑽石，願意出高昂的價錢。相對之下，水卻很容易獲得，因此就不值錢了。

具有稀缺性的東西不只有鑽石，只要是人們想得到，供應卻有限的物品，都具有稀缺性。就像前面故事中提到的，或許每個女孩都做過公主夢，然而在等不到白馬王子的嚴酷現實面前，不禁會去想：為什麼沒有屬於我的白馬王子？答案就是具有稀缺性。

只要人有欲望，稀缺的問題就會存在。如果一個東西有價值，自然越多越好，所以稀缺就成為常態。

資源的稀缺性是經濟學存在的根本原因，經濟學的目標就是有效配置資源。所以**與經濟學有關的地方，必然存在稀缺性**。

假設某種商品不存在稀缺性，代表這種商品要多少有多少，唯一的可能就是沒有成本。當商品完全不存在成本時，才能無窮供應。然而，這樣它就不再是商品了。而且，即便空氣也不是完全沒有成本，城市裡有氧氣可以呼吸，但在高山和海邊，都有氧氣罐出售。

**知識連結**

**形象代言**（Brand Endorsement，註：也稱為品牌背書），是以形象的方式傳達品牌獨特、鮮明的個性主張，使產品得以與目標消費群建立某種聯繫，順利進入消費者的生活和視野，達到深層溝通，並在消費者心中樹立某種印象和地位，使品牌變成帶有附加價值的象徵。前文中提到的白馬王子，也可說是女孩尋找對象的標準形象。

## 為什麼人們願意花更多錢，在便利商店買菸？——交易成本

鄭人買履是個有名的寓言故事。古時候，鄭國有個人想去集市上買一雙鞋子。早上從家裡出發之前，妻子特意幫他量了一下腳的尺寸，並把量好的尺寸寫在紙上，放進他隨身攜帶的布袋裡。

然而，鄭人離家前突然決定換件衣服，他換完衣服後匆匆走出家門，不小心把妻子幫他備好的布袋忘在家裡。

鄭人興高采烈地到了集市，拿起自己中意的鞋子，才發現自己量好的尺寸忘在家裡。於是他跑回家中取布袋，但等他再次返回集市的時候，集市已經散了。

鄭人十分沮喪地回到家中，妻子見狀問他：「你為什麼不直接用腳試一下鞋子呢？」這時鄭人說：「我寧可相信量好的尺寸，也不相信自己的腳。」

鄭人買履的寓言意在諷刺那些固執己見、死守教條、不知變通的人，他們不懂得根據現實情況，靈活採取對策。

如果從經濟學的角度來看這個故事，鄭人從家裡走到集市，再從集市回家，往返兩趟不但浪費了大量的時間和精力，最終還是沒有買到鞋子，他的交易成本確實太高了。

## 想達成交易，必須付出有形與無形的成本

**交易成本**（Transaction Cost）最早是由美國經濟學家羅納德・寇斯（Ronald Coase）在《企業的性質》（*The Nature of the Firm*）一文中提出，他認為交易成本是透過市場機制產生。

交易成本的例子在生活中很常見。比如，你清晨來不及在家吃早餐，於是行色匆匆地來到車站附近的早餐店，並看到有一群人在店前排隊。你站在隊伍的最後左顧右盼，焦急地等待。為了填飽肚子，你還錯過原本可以輕鬆搭上的一班公車。很

不湊巧的是，當終於輪到你的時候，老闆告訴你所有東西都賣光了。你只好悻悻地離開，重新等待下一班公車到來。

結果，你不但沒有吃到早餐，還因為錯過了公車而上班遲到。在這裡，你排隊所花的時間，以及遲到所受的損失，就是交易成本。

交易成本通常分為廣義和狹義兩種。廣義的交易成本即**為了衝破一切阻礙，達成交易時所需要的有形及無形成本**。

狹義的交易成本是指**市場交易成本**（Market Transaction Cost），包括搜索費用、談判費用及履約費用。

## 為什麼花更多錢買東西，反而比較划算？

我們在生活中實現自己的交易行為時，都會以不同形式支付交易成本。喜歡抽菸的人常會遇到這樣的情況：明知道樓下便利商店的香菸比超市貴十元，最終還是會選擇在便利商店購買。也許你從來沒注意過交易成本的概念，但這個行為本身已經隱含交易成本。

雖然樓下便利商店的菸比超市貴十元，但只需要下樓就可以買到，省時省力又很方便。相對地，去超市買菸雖然可以省下十元，但必須走很長的路，甚至騎車才能到達，因此許多人不願意支付這段期間消耗的時間和精力。

所以，大多人都會選擇在便利商店買菸，因為這樣相對之下比較划算。同樣地，便利商店在為商品定價的時候，已經將交易成本算進去了。不同商品的運輸、稀缺程度等因素，也是與供銷商之間的交易成本。

交易成本是人與人之間交易時必須付出成本，每個人的交易成本都不同。菜市場裡，退休的老太太會因為幾塊錢和小販討價還價，而且樂此不疲，這是因為老太太有很多時間。

對老太太來說，既然這些時間創造不了新的財富和價值，她可以藉著買到更便宜的蔬菜降低交易成本。但對年輕人來說，那些討價還價的時間可以做更多有價值的事情。

### 知識連結

交易成本經濟學是新制度經濟學當中，唯一在實證檢驗方面獲得成功的領域。奧利佛・威廉森（Oliver Williamson）在交易成本經濟學的發展過程中做出傑出貢獻，使這門學問成為融合法學、經濟學和組織學的新學科。

經濟學家認為，**市場運行及資源配置有效與否，取決於兩個關鍵因素：一是交易的自由程度；二是交易成本的高低。**

## 當別人這樣選擇，你就會不知不覺跟著做——從眾效應

這是個有關從眾心理的故事。一個石油商死後上了天堂，但那裡的人已經多到排到外面。看守天堂大門的看門人，很遺憾地對他說：「我知道您在世時行為正派，還做過很多善事，但實在抱歉，現在天堂已經人口飽和，實在住不下了……。」石油商聽罷，笑著說：「不要緊，我自有辦法。」

石油商走到天堂的大門前，向門內大喊：「地獄裡發現石油啦！」這麼一喊，便看到門裡衝出了一大堆人，爭相往地獄跑去。

看門人看到眼前的一切，感到十分吃驚，待回過神後，便對石油商說：「現在你可以進天堂了。」石油商卻說：「我決定去地獄了，這麼多人都去了地獄，說不定是真的呢。」

## 從羊群實驗，看見從眾心理的普遍性

**從眾效應**（Bandwagon Effect）指的是，人們自覺或不自覺地以某種集團規範或多數人的意見為準則，做出社會判斷或改變態度，也就是**人云亦云，別人做什麼，就跟著做什麼**。

針對這個有趣的現象，科學家們做過一個實驗：在一群羊前面橫放一根木棍，只要第一隻羊跳過去，第二隻、第三隻也會跟著跳過去。此時，如果把木棍拿走，當後面的羊走到這個地方時，仍然會像前面的羊一樣，先往上跳一下。因此，從眾效應也被稱為**羊群效應**（Herd Behavior），用來比喻人們都有從眾心理。

我們在大街上仔細觀察會發現，幾乎無時無刻都能深刻感受到從眾心理的普遍性。早春流行披肩，來來往往的許多女孩身上，都披著一條長長的披肩，儘管很多人的披肩顯得多餘，夏天流行印有骷髏頭圖案的T恤，於是許多街上的人都會穿這樣的衣服。

## 「大家都這樣」衍生的盲目消費

**從眾心理是大眾容易犯的毛病，容易導致盲從，最終陷入騙局或失敗。**與此同時，許多商家也將人性的這種心理應用得恰到好處。人們都喜歡逛生意好的店鋪，或是去熱門城市旅遊。

因此，新開業的店鋪會為了吸引人流而大動聲勢，開業典禮他經常辦得像廟會一樣熱鬧；剛開業的飯店寧願讓利也得做到「顧客至上」；熱門旅遊城市不惜花鉅資宣傳，只為吸引人們的注意力。盲從，最後便演變為盲目消費。

此外，因為大眾「約定俗成」的觀念，所以人們往往容易在群眾中失去基本判斷力。當看到很多人都在誇某種產品好，自己便加入其中，覺得機不可失，迅速跟著手刀購買。因此，很多時候人們都會上當，但那些將產品誇得天花亂墜的人，不過是商家雇用的「假顧客」而已。

儘管從眾行為會帶來各種不良影響，經濟學家們從另一個角度分析，認為從眾行為可被看作一種**預期的理性行為**。如果消費者能將消費行為把握在一定限度內，在資訊不對稱或預期不確定的條件下，人們便會模仿「領頭羊」的行動，以達到自己預期的結果，這樣的從眾行為一樣是好事。**對於弱勢群體來說，從眾的消費行為對他們有一定的保護作用**。當然，是否產生從眾行為，以及從眾行為的產生，與每個消費者的個性、特點、知識有很大的關係。

### 知識連結

**示範效應**（Demonstration Effect）是種經濟現象，專指受外界因素誘發，不顧生產力水準和經濟條件，刻意模仿過高消費水準和消費方式。

例如，如果甲的收入增加，周圍人的收入也一樣增加，則甲的消費占收入比例並不會變化。如果別人的收入和消費增加，甲的收入並沒有增加，為了顧及社會上的相對地位，甲也會打腫臉充胖子提高消費水準。

## 漁翁不要大魚只留小魚，不是為了環保！——消費欲望與需求

一個漁翁在河邊釣魚，運氣很好釣到許多條魚。但奇怪的是，每次釣到大魚，漁翁就會將牠們放回水裡，只有小魚才放進魚簍。

旁人感到很奇怪，便問他：「你為何要放掉大魚，卻只留小魚呢？」漁翁回答：「我只有一口小鍋，煮不下大魚，而且小魚味道更鮮美啊！」

在現實生活中，構成需求的因素有兩個，一是**購買欲望**，二是**購買能力**，兩者缺一不可。消費者個人的嗜好決定購買欲望，嗜好又取決於消費者的物質和精神需要、文化修養等因素。

## 掌握消費品變化規律，正確判斷需求

**總需求小於總供給就會造成經濟蕭條**，因此必須擴大消費，並刺激消費者的購買欲望。但有時單是擴大消費需求無法達到擴大需求的目的，因為並未考慮微觀效果與供需在結構上的吻合，或是沒有遵循客觀經濟規律與市場機制的要求，反而直接造成**供需結構失衡**（Supply-demand structure Imbalance）。

舉例來說，甲商品的供給過剩，反而擴大消費者對乙商品的需求，導致**停滯性通貨膨脹**（Stagflation）。如果不掌握經濟規律，尤其是**消費品變化規律**（註：消費商品變化的規律，也是產品生命週期前三個階段的總稱），就很難正確判斷出哪些商品該擴大需求，哪些商品該減少需求。

何謂消費品變化規律？從產品的生命週期來看，它經歷以下三個階段：

一、初步發展階段（導入期）。產品剛被研發出來，價格較貴、產量較低，大多人買不起。這個階段的特點是產品產量增長較緩慢，需求量也較小。

二、快速發展階段（成長期）。產品的生產技術已經成熟，可以大量生產，價格也開始下降，同時人們的收入提高，對產品的需求也快速增加。這個階段的特點是產品產量與需求量快速增長，人們的需求也很快得到滿足。

三、發展緩慢甚至停滯階段（成熟期）。因為在第二階段，產品開始大規模生產，已經滿足人們的需求。當需求達到飽和，只能隨著人口增長而緩慢增長，如果出現替代品，該產品便會被取代。這個階段的特點是產品需求增長比較慢，產量增加也相應地比較小，處於一種相對停滯或消亡的狀態。

儘管消費品的種類繁多，而且隨著科學技術的進步，不斷有新穎的消費品被發明創造出來，但是對於所有的產品服務而言，無法同時處於生命週期的同一個發展階段。

### 知識連結

**品類需求強度**（Category Demand Intensity Coefficient，簡稱CDIC），表示市場需求強度，或是市場容量或空間，可以用對該品類有需求的人口（目標顧客）與總人口的比例表示。

根據品牌經濟學原理，品類是消費者選擇某品牌產品的單一利益點（Single Benefit Point，簡稱SBP）。因此，品類需求強度表示，具備某單一利益點的消費者或目標顧客的數量，占總市場容量的比重。

## 重點整理

- 炫耀性消費的目的不在於物品的實用價值，而是炫耀自己的身份，並透過高價消費，在自己和他人之間做出區隔。
- 捆綁銷售作為一種全新的販售方式，將宣傳、銷售、促銷等因素結合，進而節省資源、提高效率。
- 顧客滿意度能反映顧客的心理狀態，也是顧客對消費產生的感受與內心期望所進行的對比。
- 資源的稀缺性是經濟學存在的根本原因，經濟學的目標就是實現資源的最有效配置。
- 市場運行及資源配置有效與否，取決於兩個因素：一是交易的自由程度；二是交易成本的高低。

■ 從眾心理是所有人都容易犯的毛病，經常導致盲從，最終令人陷入騙局或失敗。

■ 現實生活中，構成需求的因素有兩個，一是購買欲望，二是購買能力，兩者缺一不可。

第4章

# 資訊不對稱？投資者常常陷入兩難

對於多數人來說，對一件事的不相信，是源於對另一件事的盲目信任。

——格奧爾格・利希滕貝格（Georg Lichtenberg）

## 為什麼書法家王羲之能成為「東床快婿」？——資訊對稱

一代書法大家王羲之的名字幾乎眾所皆知，但提及「東床坦腹」，有多少人知道它與王羲之的關係呢？「東床坦腹」也經常被說成「東床快婿」，它們皆來自王羲之。

晉代丞相王導和太傅郗鑒是很好的朋友。有一天，郗鑒來到王導的家裡，表示有意在王府物色女婿，王導欣然同意。第二天，郗鑒便派他的門生到王導府上代自己挑選。

門生來到東廂，令王家子弟聚在一起，一個個仔細評估後，向郗鑒報告：「王家的青年都很好，一時難分上下。一聽說您要選女婿，個個都打扮得衣冠楚楚、舉止矜持，希望能被選中。只有一個青年躺在東邊的床上，敞開衣襟、露著肚皮，滿不在乎的樣子，就像根本不知道您要選女婿。」郗鑒聽了十分高興地說：「這個人正是我要選的好女婿。」於是郗鑒便把女兒許配給這個人。躺在床上的人，就是日後成為大書法家的王羲之。

這個故事一直作為美談廣為流傳，漸漸地人們就把好女婿稱為「東床快婿」。王羲之和郗鑒，一個勇於將自己最真實的一面展示給別人，一個能夠慧眼識人，王羲之和郗鑒的默契促成一段美好姻緣，也留下一段人間佳話。

深入思考並用經濟學知識進行分析後，可以發現王羲之和郗鑒的默契，就是一種資訊對稱（**註：此為「資訊不對稱」的相反詞，並無正式名稱**）。

## 資訊的多少，直接影響獲益大小

**資訊對稱**就是指，相關資訊為所有參與交易各方共同分享。在市場條件下，為了實現公平交易，交易雙方掌握的資訊必須對稱。換句話說，倘若一方掌握的資訊多，另一方掌握的資訊少，二者不對稱，這筆交易就做不成。即使做成，也可能是場不公平的交易。

在現實的經濟活動中，資訊不對稱的情況十分常見。有時候，**資訊不對稱產生的影響會導致市場失衡**。由於訊息量對比過於懸殊，市場進行資源配置的時候，會因此產生較大的利益差距。

此外，在購買商品的過程中，人們對商品資訊的認知也會產生不對稱。一般來說，賣家的物品資訊會比買家更多。有些商品用肉眼不能在第一時間發現差異，例如香菸、酒水、罐頭等。這些東西內外有別，很難在購買的時候，立刻知道好壞，賣家明顯比買家更清楚這些產品的實際情況。

生產和經營之外，生活中隨處可以感受到資訊不對稱的存在。例如，你每天都很努力工作，但老闆對你的努力程度只有一個模糊的概念，沒有發現你的努力。所以，在這種資訊不對稱的情況下，他無法將你的工資與表現掛鉤。

## 補強缺少的訊息，做出正確判斷

面對生活中存在大量資訊不對稱的問題，聰明的人總是能想出有利的解決辦法，以提高資訊品質，或是減少資訊不對稱所造成的損失。

舉例來說，當你想買一輛二手汽車，卻對二手車的品質、性能不瞭解，你可以找個內行的朋友諮詢，或在網站上瀏覽相關資訊，參考市面上的相關書籍，從而做出正確的判斷。

現代社會裡，**掌握的訊息量多少，決定個人決策的正確性。資訊透明度的程度，則直接影響社會效率的高低**。縱觀個人與社會發展，儘管資訊被壟斷的現象依然存在，但只有不斷提高獲取資訊的能力，不斷增加獲得資訊的管道，擁有充滿智慧和理性的頭腦，才能減少因資訊不對稱造成的損失。

傳統經濟學認為，價格凝縮所有的市場訊息，獲得它不需要成本，因此可供所有的市場參與者自由運用。如此一來，所有市場參與者都能擁有完全資訊。

但是，資訊經濟學認為，價格必須透過搜尋獲得，並付出成本作為代價，因此資訊不完整。資訊經濟學揭示了價格不能囊括全部的市場經濟關係，所以市場的**價格制度**（Price System）不再只是**激勵約束機制**（incentive and restraint mechanism）的唯一手段，「非價格」機制將成為激勵約束機制中不可或缺的內容。

# 表現不好的人有時反而得到主管認同——資訊不對稱

吉姆和六個隊友都是軍隊中哈雷教官的學員，他們展開為期三個月的訓練。吉姆是個靦腆的青年，每當其他六個隊友在休息時和哈雷開心聊天，他都只是微笑著不發一語。但是在訓練上，吉姆十分能吃苦。他希望在不久後的將來，自己也可以憑藉努力，成為軍隊中的領導者。

經過一段時間，吉姆確實進步不少，每次測驗和比賽中，吉姆的表現都十分優秀。但是，有個隊友告訴他，表現太亮眼會讓他樹大招風，容易被算計。

吉姆一時之間陷入矛盾當中。這時，隊友間卻傳出哈雷要選新班長的消息。哈雷明確表示，班長人選不光要具備優秀的素質，更重要的是人際的協調能力。吉姆很希望能成為班長，但他明白自己並不善於交際。

在矛盾與沮喪中，心事重重的吉姆在訓練中屢次失誤。當天中午，哈雷把他留下來進行深入的長談。一向嚴肅的教官在吉姆面前露出微笑，頓時消解吉姆心中所有的顧慮。在哈雷的誘導下，他說出了自己的所有想法和感受。

「表現不好的人，有時反而能得長官認同。」哈雷拍著吉姆的肩膀，非常贊許地說著，吉姆就在那一天被哈雷選為班長。

## 資訊不對稱，地位就不對稱

**資訊不對稱**（Information Asymmetry）是指各方在交易中擁有不同資訊。進一步來說，買賣雙方掌握不同的價格和品質資訊，也就是某方比另一方擁有較多的相關資訊，處於資訊優勢，另一方則處於資訊劣勢。

一般而言，賣家比買家擁有更多關於交易物品的資訊，但也存在相反的情況。從經濟學的角度來解釋，就是指交易方不夠瞭解對方，雙方的地位不對稱。

若用經濟學理念解釋吉姆和哈雷教官的情況，我們可以如此分析：站在哈雷教

官的立場，他透過對吉姆這名新兵各方面的觀察和瞭解，掌握的資訊遠比吉姆想像得多。但對吉姆來說，他對哈雷教官的瞭解並不多，掌握的資訊自然很少。在這種資訊不對稱的情況下，吉姆便出現了顧慮和矛盾。幸好，哈雷教官及時的談話，讓兩人之間的資訊得到了交流。

## 二手車交易，可能導致逆向選擇

在市場經濟中，各種交易都存在資訊不對稱的問題。正常情況下，儘管資訊不對稱，但根據所擁有的市場訊息，足以保證能夠有效進行產品和服務的生產與銷售。某些情況下，**資訊不對稱也可能導致市場失靈**。這時就需要政府進入市場了。

現實生活中，我們可以看到許多資訊不對稱的情況。二手車交易市場上，賣主對車輛的瞭解遠比買主多。此外，資訊不對稱還可能導致**逆向選擇**（Adverse Selection）。該現象由肯尼斯・阿羅（Kenneth Arrow）在一九六三年首次提出。

喬治・阿克洛夫（George Akerlof）在一九七〇年代發表經典著作《檸檬市場

（*The Market for Lemons*），並針對資訊不對稱的現象進一步闡述。二〇〇一年，阿克洛夫和麥可・史彭斯（Michael Spence）、約瑟夫・斯蒂格利茨（Joseph Stiglitz）深入研究資訊不對稱市場及資訊經濟學的現象成果，獲得諾貝爾經濟學獎肯定。

資訊是**資訊理論**（Information Theory）中的一個術語，也就是將獲得訊息中**有意義的內容**稱為**資訊**。一九四八年，美國數學家克勞德・夏農（Claude Shannon）在論文《通信的數學理論》（*A Mathematical Theory of Communication*）中指出：「資訊能夠用來消除隨機不定性之物。」同年，美國著名數學家、控制論的創始人諾伯特・維納（Norbert Wiener）在《控制論》（*Cybernetics*）一書中提到：「資訊就是資訊，既非物質，也非能量。」

## 面對夜叉鬼的甜言蜜語，眼見為憑的人才能存活——資訊不完全

有兩個商人帶著一支由五百人組成的商隊，橫跨沙漠做生意。這時，一個穿著高貴衣服、頭上戴花的年輕人出現在人們面前，一邊走一邊彈琴。這個年輕人其實是專門迷惑旅人的夜叉鬼。

「你們何必辛辛苦苦載這麼多糧草和水呢？前面不遠處就有美麗的綠洲。不如你們跟著我來，我為你們帶路。」夜叉鬼對大家說。

其中一個帶隊的商人聽了夜叉鬼的話，立即請大家放棄行李，跟在夜叉鬼身後走了。另一個商人卻對眾人說：「我們還沒有真正看到綠洲，所以需要謹慎些，不能輕易丟掉身上的行李。」

結果，聽信夜叉鬼謊言的人們，因為找不到水和糧草，全部渴死了。另一隊商

人，則克服重重困難，最終抵達目的地。

就像兩個商人領隊一樣，決策往往關係到一件事的成敗、一個企業的興衰，這時決策者的素質和能力至關重要。由此可見，高技術、高智慧的人才是企業發展的關鍵。

在前面的故事中，不同的決策讓兩個商隊的結局出現分歧。具體分析兩個領隊的決策，不同之處在於他們對是否聽信夜叉鬼所說的話。在聽到夜叉鬼傳達給大家的資訊之後，第二個領隊的決策讓跟隨者順利到達目的地。我們來看看他是如何進行判斷的。

首先，領隊覺得自己還沒有見到綠洲，所以不能輕易放棄行李；其次，面前這個只有一面之緣的陌生人，他的話是否能讓人信服？考慮到這兩點，第二個領隊決定見到綠洲後，再選擇是否繼續背著糧草，在沒見到綠洲之前，他們既不聽信夜叉鬼說的話，也不跟隨夜叉鬼走，這麼做是最保險的辦法。

不幸的是，第一個領隊受到了蠱惑，並在夜叉鬼的甜言蜜語下，做出錯誤判斷，導致悲慘的後果。

## 資訊是有價值的資源，也是特殊商品

當今社會的經濟活動中，不同經濟主體的**資訊資源**（Information Resources）和**資訊處理**（Documentation Processing）幾乎都不對稱。由於主體本身的能力和環境差異，就算是相同資訊，經過處理後做出的決策也可能完全不同，由此發出的新資訊，將繼續擴大這個不對稱。資訊不對稱就是資訊不完全。

**資訊不完全**（Incomplete Information）是指市場參與者未擁有某種經濟環境狀態的全部知識。**新凱恩斯學派**（Neo-Keynesian economics）認為，不完全資訊經濟比完全資訊經濟更具有現實性，市場均衡理論也必須在不完全資訊條件下修正。

資訊不完全不僅是意義上的不完全，而且是「相對」意義上的不完全，即市場經濟本身無法生產足夠的資訊，並有效地配置它們。由於認知能力的限制，人們不可能知道任何時候、任何地方發生的任何情況。

資訊是一種有價值的資源，不同於普通商品，人們購買普通商品時，先要瞭解它的價值，看看值不值得買，但是購買資訊商品並非如此。人們之所以願意出錢購買資訊，是因為還不知道詳細內容，一旦知道，就沒有人願意再為此消費。

這造成一個困難的問題：賣家是否應該讓買家在購買之前，就充分瞭解出售的資訊價值呢？如果不願意，買家就可能因為不知道究竟值不值得而放選擇不購買。如果願意，買家又可能因為已經知道資訊而選擇不購買。

在這種情況下，想做成生意，只能靠買賣雙方的互相信賴：賣家讓買家充分瞭解資訊的用處，買家則答應在瞭解資訊的用處之後購買它。因此，市場交易中生出的道德風險，使得市場效率低下，在一定程度上限制了市場的作用。

**完全資訊**（Complete Information）指的是**在資訊完全公開的情況下，無論雙方是否同時做出決策，其中一方做決策前都不會讓另一方知道**。研究任何一種經濟現象和行為，都必須充分注意到資訊不完全的風險。

在現實生活中，存在一些和常規不一致的現象，即「逆向選擇」。原本降低商品的價格，該商品的需求量就會增加，而提高商品的價格，該商品的供給量就會增加。

但是，由於資訊不完全和**機會主義行為**（Opportunistic Behavior），有時候降低商品的價格，消費者也不會選擇購買，即使提高價格，生產者也不會增加供給。

## 菜市場與超級市場，在哪裡買菜比較划算？——資訊搜尋成本

李小姐和王媽媽住在同一個社區。王媽媽每天晚上都到附近的菜市場買菜，經常在路上遇見剛下班的李小姐。她們已是多年的老鄰居，於是一邊聊天一邊走進菜市場。

雖然兩人都是來買菜，她們買菜的方式卻天壤之別。王媽媽買菜時，會先把菜市場逛上一遍，看看不同菜攤的蔬菜品質和價格，貨比三家之後才買。有時候，她為了買到物美價廉的蔬菜，甚至會走一段路到其他菜市場挑菜。王媽媽認為，自己平時沒什麼事，買菜多走點路還可以鍛鍊身體，當作散步。

李小姐買菜則簡單多了，她都是碰到合適的就買，很少花時間去比價，也不會像上了歲數的王媽媽那樣斤斤計較。

## 想獲得資訊，需要付出金錢和時間的代價

經濟學其實就出現在日常生活。前面的故事中，王媽媽和李小姐兩人去菜市場買菜所表現出的不同，也可以用經濟學知識進行分析。我們首先可以進行一個設想：王媽媽的做法是否比李小姐更實惠呢？

顯然，無論是王媽媽還是李小姐，行為方式都很理性。經濟學家認為，資訊是人們的決策基礎。但獲得資訊需要付出金錢和時間代價。資訊可以為人們帶來收益，掌握的資訊越充分，做出的決策就越正確。在這裡，尋找資訊所付出的代價就是資訊的**搜尋成本**（Search cost）。

王媽媽逛菜市場就是一種尋找資訊的活動，在這個過程中，她付出的時間和金錢就是搜尋成本。經過一番比較後，王媽媽買到更好更便宜的菜，就是搜尋的收益。據此，我們來看資訊搜尋成本的具體概念。

資訊搜尋成本是指在自由競爭場合，由於價格離散而產生的搜尋價值。資訊搜尋成本的概念起源於對**消費行為**（Shopping Behavior）的研究，由於消費者和商家

之間的資訊不對稱，使消費者努力尋找不同店家的同質商品價格資訊，以找到性價比最高的商品。

**資訊搜尋行為能幫助消費者做出比較理想的購買決策**，「貨比三家」就是針對資訊搜尋行為的經典描述。

但是，資訊搜尋也需要付出成本，這裡的成本主要指搜尋過程中耗費的時間成本（Time Cost）。資訊搜尋成本是一種**機會成本**（Opportunity Cost，簡稱OC），當耗費的時間成本大於資訊搜尋的商品價格收益，搜尋可能會失敗或者被迫終止。

## 同樣的時間成本，並不適用於每個人

值得注意的是，每個人的時間成本都不同。例如，已經退休的銀髮族，可能會為了幾塊錢的差價跑遍多家超市，以尋找最低的價格。工作繁忙的年輕人，則多半傾向就近購買所需商品，也並不在意是否買到最低價，因為時間對他們來說，是具有稀缺性的資源。

一般來說，**人都是以有限資訊作為基礎，做出理性決策**。如果做決策時，沒有將尋找資訊作為實際決策的根據，決策失誤的機率就會很大，這便是一種**非理性行為**（Irrational Behavior）。

如果為了尋找資訊付出過多的時間和金錢，搜索的成本大於收益，也會形成非理性行為。如果把多尋找資訊所增加的成本稱為**邊際成本**（Marginal Cost），把多獲得的資訊收益稱為**邊際收益**（Marginal Revenue），邊際搜尋成本應等於邊際搜尋收益，才能實現經濟學家所說的利潤最大化。

選擇不一樣的買菜方式，便是因為搜尋成本不同。前面的故事中，王媽媽是個時間很充裕的銀髮族，她尋找資訊的成本幾乎為零，因為她尋找資訊所花的時間並沒有其他用處。所以，在一定合理的範圍內，王媽媽逛菜市場買到物美價廉的菜是種理性行為。

但是，對於上班族李小姐來說，就不一樣了。如果她工作一個小時能有兩百元的收入，到菜攤比價能省下兩百元，她用一小時逛菜攤尋找資訊就是理性行為。但是，如果逛一小時菜攤的收益沒有這麼多，她逛菜攤比價的行為則是非理性行為。

日常生活中，我們並不需要經常精準計算邊際成本或收益，但是**我們的行為，都在無形之中遵循經濟學的原理**。由此可見，如果我們多瞭解一些經濟學常識，在日常的經濟活動中，我們的行為便會更加理性。

**知識連結**

**實驗心理學**（Experimental Psychology）常引用資訊理論中的**信號檢測理論**（Signal Detection Theory，簡稱SDT），來描述人的許多資訊行為。該理論認為**人對資訊的反應分為四種：集中、正確拒斥、虛報和漏報**。集中是指成功地找到目標資訊；正確拒斥是指成功地排除資訊噪音；虛報是指把噪音當成目標資訊；漏報是指把目標資訊當成噪音。

因此，成功的資訊搜尋必須是前兩者的集合：成功找到目標資訊並且排除資訊噪音。於是我們可以得到公式：資訊搜尋成本＝獲得目標資訊的

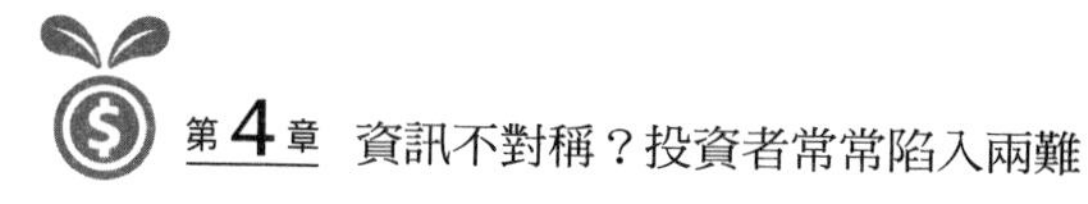


成本＋排除資訊噪音的成本。

在不同時期，這兩種成本的重要性不同。資訊匱乏、資訊流通不暢的時代，獲得目標資訊的成本遠遠大於排除資訊噪音的成本。但在資訊爆炸、資訊暢通無阻的時代，排除資訊噪音的成本可能大於獲得目標噪音的成本。

## 所羅門王如何用智慧，化解資訊不足的難題？——資訊甄別

知名的所羅門王向示巴女王提親，示巴女王聽聞所羅門王的智慧，想要刁難他，於是藉著提親的機會，想出了一道題考驗所羅門王。

示巴女王叫僕人捧了兩個碗進來，其中一個碗裝著十枚金幣，另一個碗裝著十枚同樣大小的銀幣。她對所羅門王說：「你把眼睛蒙起來，在我把桌上這兩個碗任意調換位置後，你可以隨意選一個碗，從裡面取出一枚硬幣，如果選中的是金幣，我就嫁給你；如果選中銀幣，我就要再考慮一下了。」

所羅門王看著女王，認真地思考了一下：「親愛的女王，在完成這個考題之前，我是否能夠任意安排碗裡的錢幣排列組合呢？」

因為兩個碗裡的錢幣數目一樣，所羅門王選到金幣的機率是二分之一。即使所

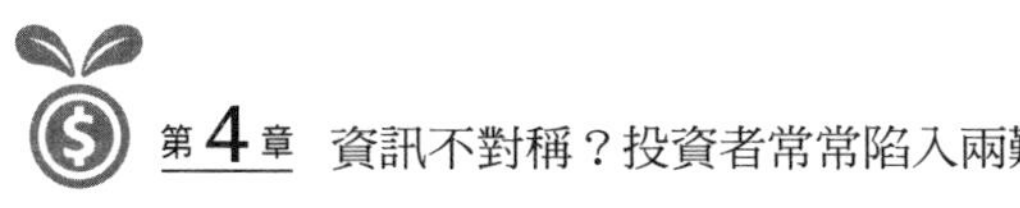


羅門王在每個碗裡各放五枚金幣，選中的機率也是二分之一。所以，示巴女王沒有反對所羅門王的提議。

所羅門王把一枚金幣單獨放到一個碗中，把其他剩下的金幣和銀幣都放在另外一個碗裡。如此一來，他抽中任意一個碗的機率是二分之一。如果選中只放一枚金幣的碗，取出金幣的機率是百分之百。如果抽中放了金幣和銀幣的碗，拿到金幣的機率是十九分之九，再乘上二分之一，就得到三十八分之九，這就是所羅門王從此碗中取出金幣的總機率。把兩項機率結果相加，會得到十九分之十四。

示巴女王出題時，只規定所羅門王必須抽中金幣，並沒有規定必須從哪個碗裡拿到。十九分之十四約為〇．七三六八，幾乎等於四分之三，這就是所羅門王得到金幣的機率。

所羅門王的故事闡釋一個道理，不管是在哪個行業，辨別資訊都非常重要。

## 透過資訊甄別，契約走向客製化

資訊甄別概念是根據阿克洛夫、赫伯特・斯賓塞（Herbert Spencer）的研究成果，斯蒂格利茨等人再進一步發展、提出，這個概念是指**透過安排，讓缺乏資訊的一方可以將另一方的真實資訊甄別出來，實現市場均衡**。

資訊甄別模型理論是**資訊經濟學**（Information economics）在非對稱資訊條件下，解決逆向選擇問題的一種機制，用資訊經濟學的術語解釋，在委託人和代理人雙方的選擇中，可以產生一個對交易雙方都比較有利的均衡結果。

市場主導者與消費者之間的關係，可以被視為**委託代理關係**（Principal-agent Relationship），市場主導者不可能知道每個消費者的需求資訊，但是可以透過市場調查，收集到需求資訊的分佈情況，設計並制定出系列價格契約，供每個潛在消費者選擇，消費者再結合自身需求資訊選擇相應的契約。

如此一來，市場主導者就能夠透過消費者主動的自我選擇，粗略地獲取消費者剩餘，間接區分不同的細分市場。

在前面的小故事中，所羅門王屬於缺乏資訊的一方，示巴女王則掌握大量的資訊。所羅門王想要提高自己的成功機率，採用資訊甄別的辦法，他和示巴女王進行討論，獲得大量有用的資訊，提高自己的成功機率。

資訊甄別對於提高自己的產品銷量與服務品質，發揮非常重要的作用，尤其在保險業，這個機制被大量採用。比如說，在保險公司的保險契約當中，投保人知道自己的風險，保險公司則缺乏這方面的資訊，於是保險公司會針對不同類型的潛在投保人，制定不同的保險契約，投保人也會根據風險，選擇適合自己的保險契約。

**知識連結**

在市場交易中，缺乏資訊者為了減弱非對稱資訊對自己的不利影響，並區別不同類型的交易對象，而提出的交易方式、方法（或契約），就是資訊甄別。

訊號傳遞與資訊甄別不一樣。在資訊甄別模型中，為了能產生**分離均衡**（Separating Equilibrium），甄別者（缺乏資訊者）提出的同一交易契約，對於不同的被甄別者會產生不同的收益。

在信號傳遞模型中，同一訊號對於不同發送者，也會產生不同的交易成本，才能產生分離均衡。資訊甄別與訊號傳遞的另一點差異是，在資訊甄別中，沒有私人資訊者先行動，但在信號傳遞機制中，有私人資訊者會先行動。

## 聯準會的干預政策，有如「國王的新衣」——公共資訊

《國王的新衣》是安徒生童話中非常著名的一篇故事，這個童話不僅是孩子們的床邊故事，也能用來印證現代社會裡的經濟學。

經濟學家約翰・加爾布雷斯（John Galbraith）曾在接受媒體採訪時說過，在全球的眾多經濟學家中，只有十二個人完全預測金融危機的來臨。

其中，以奧地利經濟學派的路德維希・米塞斯（Ludwig Mises）為首，最早預示到房市泡沫化，許多經濟學家都已預見我們正遭受的危機。他們認為，導致這些危機的罪魁禍首便是**聯準會**（Federal Reserve System，註：聯邦準備系統，簡稱FED）。

## 形成房市泡沫的原兇，就是聯準會

聯準會作為獨立的行事機構，利用低利率造成**槓桿作用**（Leverage）、投機操作以及日益增多的負債，誤導很多投資者，掩蓋真實的經濟狀況，最終破壞市場。

聯準會的干預政策讓經濟出現繁榮的假象，導致房市泡沫加速形成，也加速破滅。面對如此突然的危機，民眾們無法指責任何人，只能默默接受。正如十幾年前，經濟學家亨利・赫茲利特（Henry Hazlitt）就曾經說過：「這些人為的泡沫必然導致大危機和大蕭條，但更糟糕的是，民眾將會誤以為經濟蕭條並非先前通貨膨脹所致，而是『資本主義』固有缺陷所造成的。」

聯準會的所作所為和安徒生童話中《國王的新衣》非常相似，它就像什麼都沒穿，還自以為漂亮的國王，周圍的民眾也對它視而不見，無意中放任它的所作所為。甚至大家在指責政府措施失敗時，也都對它避而不談，使得自由市場成為代罪羔羊。但這場遊戲遲早會有結束的一天。總有一天，聯準會這層透明的外衣會被民眾無情地揭穿。

## 缺乏公共資訊，就像競爭時輸在起跑點

《國王的新衣》對大家來說都不陌生，它在文學上的解釋是人性的醜惡以及大眾的附和，但是在經濟學上有著新的解釋，這一切都與公共資訊有關。

公共資訊是指所有的市場參與者都能自由獲得資訊。在競爭激烈的**寡頭壟斷**（Oligopoly）中，經濟主體對市場知識的需求特別迫切。他們在客觀上假定其他競爭者的行為合理，並假設所有的市場參與者都具備公共的**市場知識**（Market Knowledge），這種共同的市場知識即公共資訊。

當具有資訊集合A的市場有效，且在每個市場參加者可利用的資訊中，唯有資訊A的知識能使市場參加者產生共同或同質的認識，這就是市場的常識，也稱為**共同知識**（Common Knowledge）。簡單來說，公共市場知識指的就是這種假設：**所有的市場參加者都能獲取所有相關資訊**。

在前面的例子中，聯準會霸佔了市場參與者獲得公共資訊的權利。市場的參與者沒有管道獲得公共資訊，在競爭中就失去一部分的資源。在危機之後，聯準會也

沒有將公共資訊告訴市場參與者，而是繼續一意孤行，執行自己的政策。正是這種霸道，導致發生經濟危機。

公共資訊具有**積極作用**（Positive Role）。首先，公共資訊導致**市場支配力**（Market Power）。其次，限制公共資訊也有礙於分擔風險，因而破壞市場參與者的預期收益。

寡頭壟斷又稱寡頭、寡占，意指為數不多的銷售者面對大量的消費者。在寡頭壟斷市場上，只有少數幾家廠商供給該行業全部或大部分產品，每家廠商的產量對市場價格和產量有舉足輕重的影響。

## 重點整理

- 訊息量的多少決定個人決策的正確性，資訊透明度的高低，則直接影響社會效率的高低。
- 資訊不對稱是指交易中的各方擁有不同資訊。即一方比另一方佔有較多的相關資訊。
- 資訊搜尋行為有助於消費者做出較理想的購買決策，「貨比三家」就是最好的例子。
- 資訊甄別是指透過安排，讓缺乏資訊的一方可以甄別出另一方的真實資訊，實現市場均衡。
- 在寡頭壟斷市場上，只有少數廠商供給該行業全部或大部分產品，那些為數不多的廠商都能造成舉足輕重的影響。

第5章

# 為何薪資低？分粥效應與二八定律決勝負

用人不在於如何減少人的短處，而在於如何發揮人的長處。

——彼得・杜拉克（Peter Ferdinand Drucker）

# 模特兒市場中，女性比男性賺得更多——勞動力市場

市場上，有個有趣的現象：越是在經濟大蕭條的時候，口紅的銷售量越大。因為在**面對金融危機時，消費者更傾向於購買成本較低的奢侈品**，例如口紅，這種情況也被稱為**口紅效應**（Lipstick Effect）。

儘管近年來不斷出現各種經濟問題，但時尚業界的熱潮卻絲毫未減。二〇〇九年，富比士（Forbes）列出年度十大高收入的模特兒排行榜。

連續五年收入位居榜首的是巴西超模吉賽兒・邦臣（Gisele Bündchen），年收入兩千五百萬美元；德國超模海蒂・克隆（Heidi Klum）以一千六百萬美元的年收入位列第二；英國超模凱特・摩絲（Kate Moss）以八百五十萬美元位列第三；巴西超模阿德瑞娜・利瑪（Adriana Lima）以八百萬美元進帳位列第四；第

五名是同為巴西超模，年收入為六百萬美元的亞歷桑德拉・安布羅休（Alessandra Ambrósio）。

另外，第六名是荷蘭名模杜晨・科洛斯（Doutzen Kroes）；第七名是俄羅斯名模娜塔莉亞・沃迪亞諾娃（Natalia Vodianova），年收入五百五十萬美元；第八名是加拿大名模黛莉亞・維寶莉（Daria Werbowy），年收入四百五十萬美元；第九名為年收入三百萬美元的澳大利亞模特兒米蘭達・寇兒（Miranda Kerr）；第十名是美國名模嘉露蓮・梅菲（Carolyn Murphy）。

仔細觀察這個排行榜，會發現榜單上一名男模都沒有。為什麼女模的收入遠高於男模呢？

## 一個人的工資高低，和他創造的利潤成正比

**勞動力市場**（Labor Market），指的是勞工供需的市場。勞動力市場也有人才市場、勞動市場、勞工市場、職業市場、就業市場、求職市場、招聘市場、人力市

場等各種稱呼。

在當今經濟與社會活動當中，眾多的勞動力使企業在選擇和任用上，或多或少都實行了**競爭機制**（Competitive Mechanism）。

競爭機制能在員工的工資與他們所創造的價值中取得平衡。也就是說，**一個人的工資和他為雇主創造的利潤成正比**。員工為雇主創造的利潤越多，收入就越高，反之則工資越低。如此一來，我們很容易便能理解，為什麼有些員工能收入百萬，有些員工卻只能領不到三萬的薪水。前面提到女模收入比男模高的例子，也是一樣的道理。

在時尚業界，女裝產業的市場和發展潛力遠高於男裝產業。因此，市場和發展前景較大的女裝產業，利潤自然較高。對生產女裝和相關配件的廠商來說，在最能展現服裝魅力的模特兒身上花錢，是件合情合理的事。

許多時尚雜誌上都能看到無數女模照片。雜誌透過形形色色的美女，成功吸引讀者的目光。雜誌的銷量好，模特兒的收入自然就高。

相較之下，男模的附加值就沒那麼高了。首先，市場上以男性為對象的時尚雜誌很少，而且男裝產業的市場規模一直都比不上女裝產業。這樣一來，男模的收入自然比女模低。

此外，女模在化妝品等美容商品的廣告，或在服飾等產品的宣傳上，都可以為廠商創造高額利潤。在這樣的市場行情之下，便能理解為什麼女模的收入較高。

**職業介紹所**（Employment Agency）是為失業者介紹就業的機構。又稱失業介紹所、勞動介紹所。主要協助民眾進行就業登記，掌握勞動力資源，介紹、安排勞動力就業，監督勞動者與用人單位雙方，共同遵守勞動契約和協議，並對閒散勞動力進行組織、管理、業務技術培訓。

職業介紹所在二十世紀初產生。一九四九年以前，中國也曾設置類似職業介紹所的「用人介紹所」，但那是官僚資本家以介紹就業為名，剝削失業工人的機構。

台灣的職業介紹機構分為官方或民間，依照就業服務法成立。民間職業介紹機構，又受勞動部《私立就業服務機構許可及管理辦法》所約束。官方的職業介紹機構，通常稱為就業服務處或就業服務站，民間的職業介紹機構的名稱則無特別限制。繼一九九六年楊基寬成立「104人力銀行」之後，林文雄也在一九九八年創立「1111人力銀行」。從此，民眾的求職方式逐漸線上化，利用就業服務處的人也越來越少了。

## 低薪只能請到猴子，但高薪能請到人才嗎？——效率工資

某家生產電信設備的公司在創業初期，依靠一群志同道合的朋友共起奮鬥，事業迅速發展起來。幾年之後，員工由原來的十幾人發展到幾百人，營收從數十萬上升到數千萬。但伴隨著企業規模擴大，老闆明顯感覺到員工越來越不積極。

老闆為了讓公司成長，特意參加一些企業管理培訓班，為此買了許多相關的書籍進行研究。在書籍的啟發下，老闆決定實行「高效率、高工資」的方式，希望利用高薪提高員工的工作意願，提升整體工作效率。

老闆心想，公司現在發展到一定的規模，確實應該考慮提高員工的待遇。加薪除了能回報公司老員工的辛勤工作，還能吸引人才，可謂一石二鳥。高薪的效果果然明顯，公司很快就招到一大批實力堅強的人才，在公司高漲的士氣下，員工的工

作效率也大為提升。

## 提高效率工資激勵員工，對企業發展更有利

**效率工資**（Efficiency Wage），是指企業付給員工高於市場平均水準的工資，這樣的工資可以有效地激勵專業人員，提高生產效率與企業經營績效，勞動力成本的**相對收益**（Relative Return，註：也稱為相對報酬）也能達到最高，因此稱為效率工資。

簡單來說，效率工資就是付給員工平均工資以上的工資，促使員工努力工作，是具有激勵效果的**薪酬制度**（Compensation System）。效率工資的主要作用是吸引和留住優秀人才。

從**理論上來看，效率工資能將總勞動成本降到最低**。由於效率工資具有提高員工工作意願、增加企業忠誠度的效用，也會提高員工偷懶的成本，採用效率工資後，員工努力工作的動機增強，偷懶、欺騙等敗德行為的動機也會降低，員工發生

**失職行為**（Malpractice）的機率也隨著下降。

採用效率工資制度，有助於解決企業用在監控員工上的成本。在**效率工資理論**（Efficiency-wage Theory）中，有一個基本假設：企業的效率工資能用來促使員工加倍工作，員工加倍工作也是為了獲取企業的高工資。社會關係中的互惠原則是效率工資發揮作用的基本條件。

儘管政府有責任提高效率工資的激勵效用，促進勞動力市場的健康發展，但是企業本身也必須遵循這個規則，維持市場秩序，提高效率工資的激勵效果。

**工資**（Wage）是指用人單位依據國家相關規定和勞資雙方的約定，以貨幣形式支付給員工的勞動報酬，包括月薪、三節禮金、年終獎金等。

但依據法律、法規、規章的規定，由用人單位承擔或支付給員工的下列費用不屬於工資：①健康保險費、②勞工保險費、③福利費、④用人單位與員工解除勞動關係時支付的一次性補償費、⑤生育津貼、⑥其他不屬於工資的費用。

在**政治經濟學**（Political Economy）中，工資的本質是勞動力的價值或價格，也是**生產成本**（Production Cost）的重要部分。

## 如何分粥才能做到最有效率，又絕對公平？——分粥效應

很久以前還沒有測量工具，也沒有標注刻度的容器，有七個人在一起共同生活。每個人除了一點點自私心理，他們都稱得上善良。雖然他們每餐都只能吃一些稀粥，還是過著平凡而和諧的日子，唯有每天進餐時如何分粥的問題，一直讓他們感到頭痛。

起初，七人經過協議，決定選一個人出來專門負責分粥。但是，具體實行後，大家發現專門負責分粥的人每次都給自己最多。他們相信肯定會有一個人能夠信賴，於是透過投票改選幾次，但每一次，負責分粥的人總是拿到最多的粥。

他們認為，既然請人專門分粥不行，乾脆大家每天輪流負責分粥吧。這樣一來，每個人都有給自己多分粥的機會。雖然這樣看起來公平，但事實上卻存在著更

大的問題：每個人在一周中，只有在自己主持分粥那天能夠吃飽，由其它人分粥的另外六天只能餓肚子。

於是，他們決定由一個大家最信賴的人負責分粥，並請到村裡的長老擔任這個重要角色。剛開始，長老還能堅持公平與平等，但過了幾天，奉承和獻殷勤的人變多了，一向德高望重的長老，也出現偏袒的情形。

於是，七人再次展開討論。這一次，他們決定建立一個分粥委員會和一個監督委員會，目的是形成完善的監督和制約機制，這樣一來總算公平了。但是由於監督委員會經常從旁提出各種意見，分完粥都涼了。

這幾次的嘗試，讓七人累積了一些經驗，他們解散監督委員會，決定在輪流值班分粥的方法上進行改革。

這次，他們決定還是由每個人輪流分粥，但是分粥的那個人必須最後一個領粥。大家原本以為這個提議也會像前幾次一樣，很快就宣告結束。但在這個新制度下，七個碗裡的粥每次都一樣多。原來，在這個嶄新的機制下，每個主持分粥的人都發現，如果七個碗裡的粥不一樣多，他就只能拿到最少的那碗。

## 公平和效率只能取得平衡，不可兩者皆得

針對前面的故事，如果把粥視為一種資源，如何把這個有限資源的優勢發揮到最大，又如何均勻分配，就涉及了**效率**（Efficiency）的概念。

效率就是人們在實踐活動中的產出與投入比值，或者叫效益與成本的**比值**（Ratio）。比值大效率就高，即**效率與產出或收益的大小成正比，並與成本或投入成反比**。也就是說，如果想提高效率，必須**降低投入成本，提高效益或產出**。

**公平**（Equity）指的是人與人的利益關係，以及其原則、制度、做法、行為等都合乎社會發展的需要。公平是一個歷史範疇，在不同的社會，人們對公平的觀念也不同。

簡單來說，經濟學講的就是如何把蛋糕（利益）做大，又如何把蛋糕分得更均勻。只有在兩者之間取得平衡，才能做到真正的公平。我們既不能只強調效率而忽視公平，也不能為了公平放棄效率。

經濟學家的思維是理性的，對於公平和效率，經濟學家普遍認為，**強調兩者中**

**的任何一個，都難免付出犧牲另一個的代價。**

## 市場講求效率，政府講求公平

這裡有個很有趣的小故事：小明和小華是兩個喜歡柳丁的小朋友，而且都喜歡動手做自己喜歡吃的美食。有一天，他們一起買了柳丁，小明負責挑選好的柳丁，小華負責切柳丁。最後，兩人各拿了一半柳丁。

小明喜歡喝柳丁汁，他把拿到的半個柳丁剝皮，將果肉放進果汁機裡榨汁。小華喜歡吃橙味蛋糕，他把香味最濃的柳丁皮切碎，混在麵粉裡烤成蛋糕，果肉則扔進垃圾桶。

兩個小朋友各拿到了一樣多的柳丁，而且都經過加工，得到了自己想要的美食。然而，表面上他們各自得到一樣的柳丁，看起來很公平，但他們沒有將手上的資源物盡其用，雙方利益並未最大化，也就是並沒有達到最優的**資源配置效率**（Allocative Efficiency of Resources）。

這個故事告訴我們，在現實生活中，**我們既不能一味地講求效率，也不應固執追求絕對公平**。

公平事實上是一個相對概念，世界上沒有絕對的公平。在無法兼顧公平與效率的情況下，經濟學家的答案是「**市場講求效率，政府講究公平**」，即要求政府盡快建立全面的社會保障體系，市場則偏重效率競爭。

（註：分粥效應的起源眾說紛紜，有人認為，分粥效應是美國哲學家約翰・羅爾斯（John Rawls）在其著作《正義論》（*A Theory of Justice*）中提出的理論，也有人認為，分粥效應是出自英國歷史學家約翰・阿克頓（John Acton）。）

**知識連結**

**生產率**（Production Rate）是用來表示產出與投入比率（Input-Output Ratio）的術語（即總產出與勞動投入的比值）。如果投入相同數量的勞動能獲得更多產出，表示生產率增加。**勞動生產率**（Labor productivity）的成長，則必須依靠技術進步、改善勞動技能和**資本深化**（Capital Deepening，註：指在經濟增長過程中，資本積累的速度之於勞動力增加）才能達成。

## 不想被主管「穿小鞋」，就不要成為跑龍套——二八定律

每個辦公室裡，都有充滿野心想往上爬的菁英，也有胸無大志的凡人。辦公室裡只有兩種角色，就是主角和配角，分配角色的並不是命運，而是態度。

甲、乙、丙三人是一起進入公司銷售部工作的同期。他們都是高材生，但出身卻截然不同。

甲來自偏遠鄉鎮，經過一番刻苦努力和親朋好友的幫助，好不容易進入大學，他的成績頂尖，面試時以第一名的身份被錄取。乙是當地人，雖然家境一般，但是衣食無憂，一畢業後就直接進入公司。丙出身地方望族，他父親只向公司董事打個招呼，他不用參加考試就直接錄取了。

這三個人都在公司的業務部工作。甲雖然出身低，但給自己訂下了目標，要在

一年內當上副主管，丙瞄準的也是副主管的位置。只有乙好逸惡勞，認為多一事不如少一事，能閒著就絕對不會主動出擊。

每次公司分派業務時，甲和丙總是爭得面紅耳赤，急著搶下最大的單子，乙坐在中間一言不發，不爭也不搶，主管交代就做，沒交代就不做。過了幾個月，連業務經理都知道，部門裡最拚命的是甲和丙，最閒的是乙。

有一天，主管丟下來一張鐵定談不成，而且搞不好還會被投訴的「死單」，問誰願意接。這時，幾乎所有人都把目光投向甲和丙，主管也側頭徵求兩人的意見。但甲和丙都說自己手上的很多單、很忙，沒辦法做。主管在表示理解的同時，突然想起了乙，便對乙說：「就你做吧。」

當然，乙沒有談成那張單子，而且還被客戶投訴，最後在會議上被訓斥。隨後的幾個月內，乙拿到的不是沒什麼利潤的「清水單」，就是類似的「死單」，把他搞得苦不堪言。一直以來，乙都覺得甲和丙天天搶著工作太笨。那次例會，大家等著兩人繼續針鋒相對，但兩個人都擺出一副很忙的樣子。

甲和丙絕對是這個部門內最聰明的人，因為他們有野心，希望能早日出人頭地，所以每天都努力工作，只想盡快做出成績。工作剛好就是職場上最好的掩護，成績越好的人，越有資格挑選工作，他們可以在遇到死單和清水單的時候，裝出一副忙碌的樣子。

如果你是上司，肯定不會將麻煩事交給最能產出效益的員工。這是為什麼呢？

## 重要的二〇%和次要的八〇%

**帕累托法則**（Pareto Principle）也被稱為**二八定律**（80/20 rule），是十九世紀末到二十世紀初，由義大利經濟學家維弗雷多・帕累托（Vilfredo Pareto）所提出。他認為**在任何一組事物中，最重要的只占其中一小部分，約二〇%，其餘的八〇%雖然是多數，卻是次要的**。

一八九七年，義大利經濟學者帕累托偶然發現，現實社會上二〇%的人佔有八〇%的社會財富，也就是說**財富在人口中的分配並沒有達到平衡**。同時，生活中也存在許多不平衡的現象。不管結果是不是恰好為八〇%和二〇%（註：以統計學來說，不太可能出現精確落在八〇%和二〇%的情形），這種不平等的關係都可以用二八定律解釋。

據此，帕累托提出「重要的少數與瑣碎的多數原理」（Principle of "Vital Few" and "Trivial Many"），要求人們按照事情的重要程度編排行事順序。

二八定律被推廣到社會生活的各個部分，且深受人們認同。在經濟學界，**八〇%的銷售額是源自二〇%的顧客**。

每個上司其實都懂得二八定律，知道八〇%的效益出在二〇%的人身上，所以在前面的故事中，甲和丙能一直得到最優厚的單子，這是他們積極工作的回報。一心只想當個普通員工的乙，只是每天聽命行事。

一個永遠接受指派任務的人，是沒有資格拒絕的。所以乙的下場很明顯，他就是甲和丙的墊腳石。幾個月下來，主管不斷給他死單和清水單，就是整他、給他「穿小鞋」。

在這三個人當中，甲來自鄉鎮，照道理來說，才是最缺乏優勢的人，但職場上並不看重你的出生地，甚至沒那麼在乎學歷，真正重要的是，**你自己想當配角還是**

主角。

知識連結

**長尾理論**（The Long Tail）最初是由美國雜誌《連線》（*Wired*）的總編輯克里斯・安德森（Chris Anderson）提出，是網路時代興起的新理論。

由於成本和效率因素，當商品儲存展示的場地和物流管道足夠寬廣，再加上商品生產成本急劇下降，甚至連個人都可以進行生產，而商品的銷售成本急劇降低時，**任何過去看似需求極低的產品都會有人買**。這些需求和銷量不高的產品所佔據的市佔率，可以和主流產品的市佔率相比，甚至更大。

# 一個人成就的大小，取決於他的短處有多麼短——木桶理論

阿基里斯是希臘神話中被奉為戰神的英雄，他的母親是海神的女兒，傳說在他出生之後，母親便把他浸泡在冥界的河水中，使他獲得刀槍不入之身。

但是，由於阿基里斯的母親握著他的腳跟把他浸入河裡，所以只有腳跟沒有被河水浸泡過，這也成了他全身唯一的致命弱點。

後來，長大成人的阿基里斯在特洛伊戰爭中屢立戰功、所向無敵。但特洛伊王子帕里斯得知阿基里斯腳跟上的弱點，便從遠處向阿基里斯的腳跟處放暗箭。有著神射手之稱的帕里斯剛好射中阿基里斯的後腳跟，大英雄就此殞命。

這個故事恰好可用來解釋著名的**木桶理論**（Cannikin Law）。

## 最短的木板決定木桶的容量

木桶理論是指如果一個木桶想裝滿水，必須每塊木板都一樣整齊而且沒有破損。如果這個桶子有一塊木板較短，或者有破洞，水便會從中漏出來，這個木桶也無法裝滿水。

因此，一個木桶能裝多少水，並不取決於最長的那塊木板，而是取決於最短的那塊木板。所以，木桶理論也被稱為「短板理論」。

木桶理論還有三個延伸出來的推論：

一、**只有構成木桶的所有木板都一樣高，木桶才能裝滿水。**如果構成木桶的其中一塊木板不夠高，木桶裡的水就會從那裡漏出來。

二、**只要構成木桶的其中一塊木板不夠高，其他木板再高都沒有意義，**反而造成浪費。

三、**想提高木桶的容量，就應該設法把最低的木板加高，**這是最有效也是唯一的途徑。

**一個人成就的大小，就像木桶能裝的水一樣，往往不是取決於他的長處有多長，而是取決於他的短處有多短。**長處並不代表他在某方面能有所作為，他的短處則往往決定他的成就大小。

美國男演員喬・漢姆（Jon Hamm）為了在電影開拍前訓練武術技巧，到一間武館受訓，由於他當時技術和經驗不足，常常挨打。

有一天，他的教練隨手拿著一支粉筆，在地上畫一條線，對他說：「如果要在不動到這條線的前提下，把線變短，你會怎麼做？」漢姆想了許久都不得其解，這時教練在原本的線旁邊畫下一條更長的線：「這樣不就變短了嗎？」

## 管理者必須懂得補足團隊的短處

優秀的管理者必須善於發現團隊中的「短木板」，敢於揭短、善於補短，才能提高工作效率和經濟效益。

知名管理顧問指出，如果企業將焦點集中在特別優秀的員工上，忽略其他的普通員工，會對團隊士氣造成打擊，讓優秀員工領導普通員工，發揮團隊精神的運作模式也會失去基礎。**企業必須懂得善用優秀員工，並重視其他員工的貢獻**。

當然，重視普通員工並不是指可以忽略優秀員工，而是需要兩者兼顧，不能顧此失彼。

香港首富李嘉誠說：「**大部分的人都會有長處和短處，就像大象以斗計，螞蟻一小勺便足夠。各盡所能、各得所需，以量材而用為原則；又像一部機器，假如主要的機件需要用五百匹馬力發動，雖然半匹馬力與五百匹相比小得多，但也能發揮其一部分作用。**」

**知識連結**

由木桶理論延伸出的多腿凳定律又稱為**長板理論**，是由中國學者宋雪峰提出，指的是如果一個板凳想保持平穩，卻擁有多條長短不一的凳腿，最好的辦法不是墊高最短的腿，而是消滅最長的凳腿，或是拉長凳腿之間的距離。

## 高收入者的薪水，為何會比普通人漲得更快？——馬太效應

一個小山村裡，有個老人和他的兒子相依為命。某天，老人的朋友約翰前來拜訪，他對老人說：「親愛的朋友，讓我帶你的兒子到城裡工作吧。」

約翰本來以為朋友會高興地答應，但老人搖搖頭說：「不行，絕對不行！」看到老人堅決反對的模樣，約翰不禁笑了出來：「我會在城裡幫你的兒子找個伴的，這樣你就不必擔心了。」

「不行，我從來不干涉我兒子的事。」老人邊搖頭邊說。

「如果我能讓你的兒子娶到伯爵的女兒呢？」

「如果是這樣的話……」老人猶豫了很久，同意讓兒子到城裡工作。

第二天，約翰來到伯爵的宅邸，對伯爵說：「敬愛的伯爵先生，我為你的女兒

找到一個條件很好的丈夫。」

「我的女兒還太年輕了！」伯爵說。

「這個小夥子也很年輕，而且還是世界銀行的副總裁。」約翰微笑著說。

「如果是這樣的話……」伯爵想了想，便決定把女兒嫁給這個青年。

接著，約翰又前去拜訪世界銀行的總裁，向他提議：「您應該馬上任命一個副總裁。」

總裁立刻回答：「這裡的副總裁太多了，不可能任命這麼多副總裁！」

這時，約翰不疾不徐地說：「如果這個副總裁是伯爵的女婿呢？」

總裁一聽到是伯爵的女婿，趕緊說：「如果是這樣的話，我欣然同意！」

於是，農夫的兒子不但成為貴族的女婿，還拿到銀行副總裁的工作。

「寧可錦上添花，也不雪中送炭。」在故事中，約翰正是利用人們的這種心理，促成一個故事。這種現象被稱為**馬太效應**（Matthew Effect）。

## 積極主動出擊，能激發馬太效應

馬太效應指的是**強者越強、弱者越弱的現象**。命名來自聖經《新約・馬太福音》第十三章十二節：「凡有的，還要加給他，叫他有餘；凡沒有的，連他所有的，也要奪去。」具體說來，馬太效應是指好的越好，壞的越壞，多的越多，少的越少的現象。社會學家常利用馬太現象，描述社會中的兩極分化（貧富差距）。

現代社會中，常聽到人們說：「富人越來越富，窮人越來越窮。」在一個企業裡，我們經常看到高收入者的薪水成長速度比普通人還快，這也驗證了馬太效應。

**貧困不是市場的產物，而是不公平的後果**。富人對經濟資源配置的控制是財富的主要來源。經濟學的靈魂是自由和公平，這也是市場經濟蓬勃發展的內在動力。現實生活中，一個人如果獲得成功，好事便會陸續降臨。

人生在世，不應怨天尤人，因為人最大的敵人是自己。**只要態度積極、主動出擊，你就會贏得物質或精神上的財富**。獲得財富後，你的態度會使你更加積極，如此重複，才能把馬太效應的效果發揮到極致。

一九六八年，美國科學史研究者羅伯特・莫頓（Robert Merton）提出馬太效應，用以概括一種社會心理現象：「**相對於那些不知名的研究者，聲名顯赫的科學家通常能獲得更多聲望，即使他們的成就相似。**同樣地，在同一個專案上，聲譽通常屬於那些已經出名的研究者。例如，一個獎項幾乎總是授予最資深的研究者，即使所有工作都是研究生所完成。」

莫頓這樣歸納馬太效應：任何個體、群體或地區，一旦在某個方面（例如：金錢、名譽、地位等）獲得成功和進步，就會產生一種累積的優勢，能獲得更多機會，取得更大的成功和進步。馬太效應不只是經濟學界的專有名詞，也經常能套用在社會心理學上。

## 重點整理

- 競爭機制能在員工的薪水與他們創造的價值中取得平衡。也就是說，員工為雇主創造的利潤越多，收入就越高。
- 理論上，效率工資能將總勞動成本降到最低，具有提高員工工作意願、增加企業忠誠度的效果。
- 公平是一個歷史範疇，在不同社會，人們對公平的觀念不相同。
- 在任何事物中，最重要的只占其中一小部分，約二〇%，其餘的八〇%雖然是多數，卻是次要。
- 一個人成就的大小，就像木桶能裝的水一樣，不是取決於他的長處有多長，而是取決於他的短處有多短。
- 馬太效應是指好的越好，壞的越壞，多的越多，少的越少的一種現象。

第6章

# 窮人不幸福？其實癩蛤蟆能吃到天鵝肉

意識到被人所愛，自有一種滿足感，對一個心思纖細與感覺敏銳的人來說，這種滿足感帶給他的幸福，比他從被人所愛當中得到的實質利益更為重要。

——亞當・史密斯（Adam Smith）

## 癩蛤蟆能吃到天鵝肉，其實是靠一個秘訣——先動優勢

甲、乙兩個人都是很優秀的男性，他們同時追求丙。由於乙自認長相不如甲帥氣，經濟實力也不如甲，所以乙對丙展開的追求攻勢就格外猛烈。甲雖然也很喜歡丙，但礙於面子，並自恃有雄厚的實力，所以追求攻勢較為含蓄內斂。

實際上，丙面對甲、乙兩人，心裡更喜歡甲。但由於資訊不對稱，甲的追求沒有乙積極熱烈，傳達出的資訊自然沒有乙那麼明確。丙覺得自己不可能主動追求甲，她給了甲許多機會，但沒有得到確切的回應，最終絕定接受乙的追求。

戀愛時，許多條件優秀的男性都容易沉醉在優越感中，認為自己沒必要花費心思苦苦追求。在他們猶豫不決時，條件比他們差的癩蛤蟆多半就趁虛而入，抱得美人歸。

## 搶先研發和運用新技術的企業，佔有先動優勢

我們經常聽到「好男無好妻」「一朵鮮花插在牛糞上」的說法。其實，這在一定程度上顯示一種現象：長相平凡的男性能和美女交往，優秀男性的女友經常長相平平。說白了就是「癩蛤蟆吃到了天鵝肉」。為什麼天鵝往往「被癩蛤蟆吃掉」？其中就涉及**先動優勢**（Pioneer Advantage）的概念。

先動優勢理論多用來解釋在市場競爭中，先進入市場的企業（先動者），相對於後進入市場的企業（後動者）所具有的競爭優勢。在企業競爭中，先動優勢理論主要用來解釋，**企業優先研發和運用新技術帶來的競爭優勢**。

在前面的故事中，甲和乙同樣都擁有可以追求丙的機會，甲因為自身的優越感而選擇默默等待，乙則把握機會，搶先進入**競爭市場**（Competitive Market），佔據**先動優勢**。乙搶在甲之前掌握市場全貌後，也一直持續主動出擊。也就是說，條件比甲差的乙之所以能夠勝出，歸功於他一直遵循先動優勢理論。

對丙來說，她在一段時間內同時遇到甲和乙兩位追求者，由於資訊不對稱，也

就是丙未能掌握兩個追求者的詳細資訊，導致最主動、最積極的追求者獲得了比被動者更高的成功率。

知識連結

**後動優勢**（註：又稱為次動優勢、後發優勢、先動劣勢），相較於先動優勢，後動優勢是指較晚進入行業的企業（後動者），能獲得比先進入行業的企業（先動者）更多的競爭優勢，也就是能透過觀察先動者的行動及結果，採取相應行動，減少自身失敗的可能性，獲得更多的市佔率。例如：節省研發成本、把握行業風險等。在經濟領域中，**進入市場的先後順序不同，能獲得的優勢也會跟著不同。**

## 為什麼校園愛情往往一畢業就變了調？——不完全競爭市場

小平和小蘭是大學時的同班同學。從大一入學開始，他們便互有好感，在同學的撮合下，兩人在大二時終於開始交往。

不論是教室、籃球場，還是圖書館，校園的每一個角落幾乎都有他們的足跡。在同學們眼中，他們彷彿是天生一對，每個人都衷心祝福，願他們有情人終成眷屬。

時間稍縱即逝，畢業典禮過後，大家雖然各奔東西，一切依舊如同昨天一樣平靜。出人意料的是，小平和小蘭的愛情也在這份平靜當中，悄無聲息地結束了。

原來，兩人各自在新的環境裡，不斷面對新的挑戰，接觸新的人、事、物，雙方的觀念也發生轉變。因為小蘭認為，從現實的角度來看，小平並不是能和她一起走下去的人。

## 校園愛情容易破局，和壟斷因素有關

**不完全競爭市場**（Imperfectly competitive market），指的是有一個大到足以影響市場價格的買家（或賣家）出現，導致不能保持完全競爭，需求（或供給）曲線將向下傾斜。不完全競爭市場包括各種不確定因素，諸如**完全壟斷**（Perfect Monopoly，註：又稱為獨家壟斷）、**寡頭壟斷或壟斷競爭**（Monopolistic Competition）等。

不完全競爭市場與**完全競爭市場**（Perfectly Competitive Market）相反，**只要不屬於完全競爭市場，或多或少帶有一定壟斷因素的市場，都稱為不完全競爭市場，**也被分為完全壟斷市場、寡頭壟斷市場，以及壟斷競爭市場三種。其中，完全壟斷市場的壟斷程度最高，寡頭壟斷市場居中，壟斷競爭市場最低。

回到前面的故事。小平和小蘭雖然在校園中你儂我儂，走出校園後卻分道揚鑣，剛好驗證不完全競爭的理論。根據調查顯示，校園的「愛情市場」缺乏激烈競爭，替代品較少，被追求者面對的選擇相當有限，因此從理論上來說，並不會產生最好的選擇結果。為什麼校園戀愛的情侶一旦離開校園，愛情就脆弱得不堪一擊呢？

首先，學生戀愛帶有嘗試成分，在某種程度上是為了彌補年幼時的遺憾，因為很多人的家裡都禁止孩子太早談戀愛。學生時期的戀愛，一方面是身體、心理越發成熟的象徵，另一方面則是為了彌補心理的空虛。

其次，校園（特別是大學）裡的愛情市場具有強烈的排他性，加上交易或賽局的參與者在相貌、才華、財富和前途方面也有階級差距，因此**校園愛情不是完全競爭的市場，而是一個帶有高度壟斷的不完全競爭市場**。

## 大學的愛情市場類型，文科理科不一樣

顯然，具備較好條件和財富的參與者擁有一定的市場勢力。在漂亮女性相對較

多的文科大學，市場接近於壟斷競爭；而在女性較少的理工科大學，市場則近似於完全壟斷。

一般來說，墜入愛河的人不會把財富、名利等優勢列入考慮條件，因此最可能的愛情狀態應該是：在不完全競爭下，嘗試性的戀愛不會使雙方獲得自己最滿意的愛情，也不會獲得持久的愛情，但是由於市場的獨特性，校園愛情常常能在大學階段平安地度過幾年。

至於畢業後分手的結局，則是假設和推證的必然結果，校園愛情一旦碰到距離、價值觀差距等限制條件，很容易就會禁不起考驗，就此天涯一方，甚至打死不相往來。

**知識連結**

完全競爭市場又被稱為**純粹競爭市場**（Pure Competition），是指競爭充分且不受任何阻礙和干擾的市場結構。

在這種市場類型中，交易人數眾多，買家和賣家是價格的接受者，資源可以自由流動，市場完全由**看不見的手**（Invisible Hand，註：也譯為**無形之手**，出自經濟學之父亞當・史密斯在《國富論》中提到：**市場經濟中的各種機制就像一隻看不見的手**）進行調節，政府不干預市場，只負責維護社會安定和抵禦外來侵略。

**自由市場**（Free Market），是指金錢、貨物的流動，完全根據所有者個人意願進行的市場。

自由市場是個不受政府干預和調控的市場，政府只行使最低限度的職能，如維護法律制度和保護財產權。在自由市場中，財產權能夠以買賣雙方都滿意的價格自由進行交換。買賣雙方不會強迫對方，既沒有使用暴力威脅或欺詐手段，也沒有被協力廠商強制執行交易。此外，**在自由市場中，價格是買賣行為根據供需關係所決定**，而非強迫。

## 選擇結婚對象時，為何「門當戶對」很重要？——理性選擇理論

李華和王明在大學時是一對情侶。生性開朗的李華家庭條件優越，從小就生活在大城市裡。性格內向的王明出身貧困的鄉鎮，上有長輩要照顧，家裡還有弟弟妹妹，過得十分艱苦。

大學畢業後，李華不顧家人和朋友的反對，義無反顧地嫁給王明。剛結婚時，他們度過一段十分幸福的日子，但時間久了，每天煩惱柴米油鹽醬醋茶，夫妻之間的矛盾漸漸變多。

截然不同的生活習慣、興趣以及觀念，讓他們缺乏共同語言，嚴重的時候，他們甚至連如何招待客人、買什麼價位的衣服、晚餐吃什麼都無法達成共識。或許是過去的生活水準和家庭境遇差距太大，價值觀也天差地別，導致他們爭吵不斷，感

情也在爭執中被消磨殆盡。

他們後來每一天都過得不快樂，最後只好選擇離婚。兩個彼此相愛的人，為什麼在現實中成了平行線？

## 交易成本及賽局理論，皆出自理性選擇理論

在前面的故事中，由於李華和王明的生活習慣、興趣及觀念各方面有巨大差距，造成他們彼此之間的矛盾，最終只能分開。其實，這就是因為門不當戶不對所造成。

正因如此，人們在尋找對象時，總會形成一個屬於自己的擇偶標準。比如身高、容貌、職業、收入、教育程度、家庭背景等。從經濟學的角度來說，每個人在尋找物件時，都會根據自己的要求做出理性選擇。

**理性選擇理論**（Rational Choice Theory，**註：又稱為選擇理論或理性行為理論**）和**行為主義**（Behaviorism）都是從個體出發，進行觀察和分析，但不採取歸納

的方法，而是先假定一個尋求自身利益最大化的個體，並在各種情境下計算和演繹個體可能會採取的行動，並以最小的犧牲滿足最大需要。理性選擇往往透過交易實現，其中的邏輯也相當複雜。

理性選擇理論相當客觀公正，屬於**宏觀經濟學**（Macroeconomics）的概念分支，包括詹姆斯・布坎南（James Buchanan）的**公共選擇理論**（Public Choice Theory）、安東尼・唐斯（Anthony Towns）的**官僚意識**（Bureau Ideologies），曼瑟爾・奧爾森（Mancur Olson）的**集體行動理論**（The Logic of Collective Action）和威廉・賴克（William Riker）的**政治聯盟理論**（The Theory of Political Coalitions）。其後，逐漸發展出**交易成本理論**（Transaction Cost Theory）、賽局理論等理論形態。

著名經濟學家蓋瑞・貝克（Gary Becker）在《家庭論》（*A Treatise on The Family*）一書中提到，**婚姻是一次利益最大化的理性選擇**。實際上，貝克是用最理性的說法，表達人們不願接受，也不願承認的現實。

**從經濟學的角度來看，婚姻就是兩個自由自在的男女，組成一個「家庭責任有**

**限公司」**。如果雙方有相近的家庭背景和生活環境，而且教育程度相當，在這種門當戶對下，就為彼此的共同生活打下堅實基礎，也能減少婚姻中的不確定因素。

相反地，如果雙方在各方面都存在一定的差異，在一起共同生活，難免會因為不習慣而導致感情出現危機。

在現今社會中，離婚率越來越高，**導致離婚最主要的因素就是經濟問題**。有經濟學家說**經濟決定一切**。如果婚姻中的一方因為沒錢而自卑，便容易出現拚命賺錢、忽視家庭的情形。

此外，在選擇結婚對象時，心理上的門當戶對也非常重要。兩個人在一起，如果能夠在心理上互相認同，婚姻必然會十分幸福。

### 知識連結

**理性消費**（Rational Consumption）是指消費者在消費能力允許的條件

下，按照追求**效用最大化**（Maximization of Utility）的原則進行消費。

若是從心理學的角度來看，理性消費是消費者根據自身經驗和認知，做出合理的購買決策。當物質不充裕時，理性消費者便會傾向追求物美價廉又耐用的商品。

## 該找一個我愛的人，還是愛我的人──消費者剩餘

「愛我的人對我癡心不悔，我卻為我愛的人甘心一生傷悲；愛我的人為我付出一切，我卻為我愛的人流淚狂亂心碎。」歌手裘海正這首《愛我的人和我愛的人》，唱出無數男女在愛情面前的矛盾與糾結。

「找個我愛的人，還是愛我的人？」這個話題一直讓許多男女煩惱不已，相關的討論也始終沒有得出標準答案。針對這個話題，知名的線上交友網站「世紀佳緣」曾經專門做過一次大調查。

調查結果顯示，「找一個愛我的人」的支持率，比「找一個我愛的人」多出將近一倍。

「找一個愛我的人」的支持者認為，找到一個自己愛的人很容易，但如果對方

不愛自己，自己一直付出實在太累，還不如找一個愛自己的人結婚。況且日子久了，說不定自己也會愛上對方。

雖然「找一個我愛的人」的支持者占少數，但他們的理由相當一致。他們堅定相信真愛，如果找不到真愛，寧願孤獨一生。這些人也認為，能夠心甘情願為心愛的人付出，就是一種幸福。

## 為愛付出有所保留，就像交易討價還價

**消費者剩餘**（Consumer Surplus）指的是，消費者為了取得某種商品而願意支付的價格，以及該商品與實際價格之間的差額。

對於婚姻與愛情，有人說：「如果是談戀愛，就找一個自己愛的人；如果是結婚，就找一個愛自己的人，這樣才會幸福。」這種說法無可厚非，但是找一個愛自己的人結婚，真的能保證幸福嗎？

在進行交易時，討價還價是為了把對方的**剩餘**（Surplus，在此也指「收益」）

壓到最低，使自己的剩餘最大化。愛情也一樣，雖然愛情不能用交易來形容，但在愛情中確實存在與消費者剩餘相似的機制。

當談戀愛時，相愛的雙方會不斷地切換角色：有時你是生產者，對方是消費者。有時對方是生產者，你是消費者。當你為愛情付出時，不應該保留**生產者剩餘**（**Producer Surplus**），因為這是一個雙向的過程。

如果你的付出打了折扣，你損失「付出」的幸福，對方損失「得到」的幸福，這是一種雙重損失。在角色轉換後，對方可能會有所懷疑，不願意全心全意地付出，於是雙方陷入惡性循環。

但是，這不意味著在愛情中必須不斷付出。一般情況下，付出真心就能獲得真愛，所以雙方不必也不該計算得失。

## 用心經營愛情，就是製造消費者剩餘

愛情是一門複雜的藝術。精明的生意人未必在感情上也能獲得成功。一段歷經五十年仍保持相愛的婚姻關係，並不比一家堅持五十年的企業更容易經營。

愛情經歷時間的考驗，會逐漸趨於平淡。人們常說，經營愛情需要不斷製造浪漫和驚喜，這些互動實際上就是在創造消費者剩餘。當兩個人的生活越來越規則化，初戀時的心動就漸漸消失。

如果愛情演變成親情，會有一點溫馨，但也有一點遺憾。愛情生命力的關鍵，或許就在於兩個人之間交換消費者剩餘的頻度與深度。因此，經營愛情就要從經營消費者剩餘開始。

**知識連結**

**邊際利潤**（Marginal Profit）是**增加產品銷售量後，能為企業帶來的收益**。**銷售價格**（Average Selling Price）扣除邊際成本，就是邊際利潤；換句話說，邊際利潤是**增加產量所增加的利潤**。

企業的**營業收入**（Operating Income）減去**會計成本**（Accounting Cost），得到的就是**會計利潤**（Accounting Profits）。

**銷售利潤**（Sales Profit）是**銷售收入**（Proceeds of Sale）扣除**成本**、**費用**、各種**周轉稅**（Commodity Turnover Tax）及**附加費**之後的餘額。

**利潤總額**（Total Profits）是企業在一定時期內實現盈虧的總額，**稅後利潤**（Profit after tax）則是企業利潤總額扣除所得稅後的利潤。

## 重點整理

■ 在經濟領域中，依據進入市場的先後順序不同，能夠獲得的優勢也會跟著不同。

■ 校園愛情並不是完全競爭的市場，而是一個有排他性，帶有高度壟斷的不完全競爭市場。

■ 從經濟學的角度來看，婚姻就是兩個自由自在的男女，組成一個「家庭責任有限公司」。

■ 進行交易時，討價還價是為了把對方的剩餘壓到最低，從而使自己的剩餘最大化。

NOTE

國家圖書館出版品預行編目（CIP）資料

亞當・史密斯教你終結貧窮的經濟學：先動優勢、賽局理論等 39 個技巧，讓你財富翻倍！／錢明義著
--初版. --新北市：大樂文化，2020.01
224面；公分．--（Smart；93）

ISBN 978-957-8710-57-3（平裝）
1. 經濟學　2. 通俗作品

550　　108022647

SMART 093
**亞當・史密斯教你終結貧窮的經濟學**
先動優勢、賽局理論等 39 個技巧，讓你財富翻倍！

作　　者／錢明義
封面設計／蕭壽佳
內頁排版／思　思
責任編輯／曾沛琳
主　　編／皮海屏
發行專員／劉怡安、王薇捷
會計經理／陳碧蘭
發行經理／高世權、呂和儒
總編輯、總經理／蔡連壽

出 版 者／大樂文化有限公司
地址：新北市板橋區文化路一段 268 號 18 樓之 1
電話：（02）2258-3656
傳真：（02）2258-3660
詢問購書相關資訊請洽：2258-3656
郵政劃撥帳號／ 50211045 戶名／大樂文化有限公司

香港發行／豐達出版發行有限公司
地址：香港柴灣永泰道 70 號柴灣工業城 2 期 1805 室
電話：852-2172 6513 傳真：852-2172 4355

法律顧問／第一國際法律事務所余淑杏律師
印　　刷／韋懋實業有限公司

出版日期／ 2020 年 1 月 20 日
定　　價／ 260 元（缺頁或損毀的書，請寄回更換）
I S B N　978-957-8710-57-3

大樂文化

大樂文化